VICTORIA SOBRE LA VIDA EGOCENTRICA

Un manual para incrementar el discernimiento

Paul G. Caram

Editorial Carisma

RECONOCIMIENTOS

Deseo expresar mi agradecimiento especial a las siguientes personas:

- Al Reverendo Pedro Jurka, quien nos prestó a varios de los miembros de su personal, que fueron vitales en la traducción de este libro al español.

- A Mercy Pineda, por sus habilidades editoriales y numerosas horas de trabajo detrás de la computadora, que tanto han enriquecido la traducción de este libro.

- A Marta de Rodríguez, quien sacrificó sus vacaciones para mejorar la gramática y la expresión global de esta obra.

- A Marlene Zacapa, por su pericia en la revisión final de este libro.

- A Claudia, Rebeca y Raquel Molina, por su valiosa ayuda editorial.

- A Carlos Recinos, por su disposición para traducir el manuscrito original de las *Series de Madurez Cristiana* al español.

- A Yuliati Purnomo, quien pasó cientos de horas traduciendo cuidadosa y meticulosamente las *Series de Madurez Cristiana* al indonesio para su país natal.

- A todos los miembros de mi iglesia, a quienes considero, de los mejores santos de lugar alguno, los que fielmente me han respaldado con sus oraciones, actitudes de aliento y me han concedido la libertad de dedicar mi tiempo a la composición de estos cursos.

- A mi esposa Betsy, por su respaldo, aliento, pericia en la impresión del texto y alto grado de excelencia.

VICTORIA
SOBRE LA VIDA EGOCENTRICA

Por Paul G. Caram

Claves para:
Encontrar la liberación de las cárceles del yo.
Enriquecer nuestra relación con Dios y con los demás.
Entrar en nuestra herencia y dar fruto divino.

Publicado por
Editorial **Carisma**
Miami, Fl. 33172
Derechos reservados

Primera edición 1996

© 1995 por Paul G. Caram
Publicado en inglés con el título de:
Victory over the Self-Centered Life
Zion Christian Publications, Dept.
Ulysses, Pa. 16948

Todos los derechos reservados. Se necesita permiso escrito
de los editores, para la reproducción de porciones del libro,
excepto para citas breves en artículos de análisis crítico.

Cubierta diseñada por: Alicia Mejias

Citas bíblicas tomadas de: La Santa Biblia, Revisión 1960
© Sociedades Bíblicas Unidas.
Usada con permiso.

Producto 550110
ISBN 0-7899-0240-0
Impreso en Colombia
Printed in Colombia

Dedicación

Con profunda gratitud y amorosa estimación, esta *Serie de Madurez Cristiana* está dedicada al honorable

Brian J. Bailey
Presidente de la
ZION FELLOWSHIP INTERNATIONAL

mi padre espiritual y hábil maestro desde mi juventud en los sagrados misterios del reino de los cielos, cuya vida y ministerio ejemplares han inspirado mi amor por Cristo y su verdad. Quien ha sido siempre para mí y para todos aquéllos que le conocemos, el caballero cristiano ideal, irreprensible y caritativo. Sobre todo, él es un hombre aprobado por Dios. ¡Un hombre a quien Dios muestra su rostro!

PREFACIO

Callejones sin salida, rutinas, hábitos arraigados, ideas fijas, vicios, complejos, conflictos y tormentos; todas éstas son prisiones de la vida egocéntrica de las que el hombre no puede o no sabe cómo librarse. Este libro no fue escrito para inconversos, fue escrito para cristianos nacidos de nuevo, y llenos del Espíritu Santo, que están luchando con estas mismas cosas. Si bien es cierto que el creyente lucha contra un sistema mundial impío y contra Satanás, éstos *no* son sus mayores enemigos. Debe reconocerse que nuestro mayor problema no estriba en Satanás, sus demonios y ángeles caídos; tampoco en principados y potestades, ni es el mundo, su atractivo y su gran presión. ¡No! Nuestra gran batalla y problema reside dentro de nosotros mismos, justo en el centro de nuestro ser. Porque es desde *dentro* de nosotros mismos que abrimos o cerramos la puerta, ya sea a Dios o a Satanás y el mundo. Sí, el mayor enemigo que enfrentamos está dentro de nosotros mismos, dentro de nuestro corazón.

Jesús enseñó acerca de los asuntos más críticos de la vida, y se concentró en el tema *del corazón* más que en cualquier otro. ¿Por qué? Porque el corazón es sin duda el punto crucial de toda cuestión (Pr. 4:23). Un corazón nuevo ha sido *siempre* la mayor necesidad de todo ser humano. Pero Dios no ha dejado a su pueblo sin esperanza, porque El ha provisto un medio para que cada uno de nosotros pueda tener un corazón nuevo y un espíritu nuevo, y esto no sucede con un toque instantáneo, como por arte de magia, sino que este nuevo corazón emerge gradualmente, paso a paso, a medida que continuamos con el plan de Dios para nuestra vida. Cómo encontrar ese nuevo corazón y la libertad de las prisiones de la vida egocéntrica, es de lo que este libro trata.

Como dijo un escritor, ninguno de los métodos más avanzados de la ciencia y el análisis humano de hoy en día, puede libertar al hombre de sus ataduras reales; y esto se debe a que ignoran *la fuente* del problema del hombre. El problema está en su corazón, en un EGO innato y voraz. El egocentrismo, como verán a través de este manual, está en el fondo de las muchas prisiones que el hombre crea para sí mismo. ¡No, Satanás no es nuestro mayor enemigo! *Las áreas no redimidas, no rendidas y ocultas de la vida egocéntrica son los grandes oponentes que el hombre enfrenta.* He creído por algún tiempo que la Iglesia ha de tener las respuestas a los males de la humanidad, no el mundo, ya que los problemas reales del hombre son espirituales. Esperamos de todo corazón, y es nuestra oración, que este manual sea parte de la respuesta.

Paul G. Caram

VICTORIA SOBRE LA VIDA EGOCENTRICA
Un manual para incrementar el discernimiento

VICTORIA SOBRE LA VIDA EGOCENTRICA es un enfoque sobre el tema del crecimiento cristiano. La meta de este curso es lograr que nuestra mente y corazón estén libres de todo conflicto y encontrar respuestas duraderas a los males que nos están privando de gozo y paz. Este es también el profundo deseo y objetivo de nuestro Señor Jesucristo, cuya verdad nos ha sido presentada para hacernos libres porque El ha comprado *vida* para nosotros, y vida en abundancia (Jn.10:10). Desde el inicio de la raza de Adán, el hombre se ha hundido en abismos mentales, emocionales y espirituales, y desconoce cómo librarse de ellos. El hombre se ha encerrado en prisiones de la vida egocéntrica, como rutinas, hábitos, vicios, ataduras, y pasiones desordenadas de las cuales *no puede o no sabe cómo* escapar.

Aun cristianos nacidos de nuevo y llenos del Espíritu Santo, luchan con estas cosas. Y, si bien es cierto que el creyente lucha contra el sistema mundial y contra el diablo, éste *no* es su mayor enemigo. Debemos reconocer que nuestro mayor problema no es Satanás, el problema reside dentro de *nosotros mismos*, justo en el centro de nuestro ser. Es *desde adentro* que abrimos o cerramos la puerta ya sea a Dios o a Satanás y el mundo. Sí, nuestro mayor problema reside en nuestro propio ser, dentro de nuestro corazón (Mr. 7:20-23; Mt.15:19-20).

Sin embargo, Dios no ha dejado al hombre sin esperanza, pues El ha provisto para nosotros la manera de obtener un corazón nuevo y un espíritu nuevo por medio de un nuevo pacto. Aun así, esto no sucede automáticamente como por arte de magia, sino paso a paso, a medida que perseveramos en obedecer a Dios. Jesús enseñó acerca de las cuestiones más cruciales de la vida humana, y enfatizó el tema *del corazón* más que cualquier otro, porque ciertamente el corazón es el *punto crítico* de todas las cuestiones (Pr. 4:23). La necesidad de un corazón nuevo *es y siempre ha sido* la mayor necesidad en el ser humano (Mr. 3:5; 6:52; 8:17; 10:5; 16:14).

¡NUESTRO MAYOR PROBLEMA NO ES SATANAS!

¡Las áreas no redimidas, no rendidas, no iluminadas, y las áreas oscuras de la vida egocéntrica son los mayores obstáculos que el hombre enfrenta!

- **Tenemos una naturaleza.** Aun después que Satanás y todos sus espíritus malignos sean encerrados y removidos, el hombre continuará teniendo una naturaleza egoísta, obstinada y rebelde con la cual batallar. Vemos esto en Zacarías 14:16-21. Satanás será atado por mil años como lo muestra Apocalipsis 20, aun entonces la naturaleza humana se resistirá y se rebelará contra Dios. Por esta razón no podemos culpar a Satanás de todo. Si hoy Satanás fuera quitado de escena, todos nuestros problemas *no* desaparecerían inmediatamente, porque hay una naturaleza resistente y voluntariosa que reside en lo profundo del hombre. Satanás logra entrar donde encuentra una debilidad, o en donde hay una puerta abierta que le da la bienvenida. Por tanto, el problema no es tanto Satanás como nuestro corazón. Las áreas no redimidas, no rendidas y oscuras de la vida egocéntrica invitan a Satanás a entrar.

- **Un corazón puro es la clave para mantener fuera a Satanás.** Jesús dijo: "...Viene el príncipe de este mundo; y él nada tiene en mí" (Jn.14:30). Como hombre, Jesús no tenía áreas no sometidas en su vida que le permitieran a Satanás entrar. Todas las puertas estaban cerradas, toda hendidura estaba sellada; la mente, los sentidos, las meditaciones, los motivos, la voluntad y los afectos, todos estaban consagrados a Dios. Satanás no pudo encontrar una sola cosa donde él pudiera meter el pie en la puerta. Si existe alguna cosa en nuestra vida con la que Satanás pueda jugar, él lo hará, Satanás no teme a las personas que predican, profetizan, o hacen milagros; él incluso *animó* a Jesús a hacer milagros (Mt. 4:3). Pero él teme en gran medida a los hombres y a las mujeres que están empeñados en hacer la voluntad de Dios, porque éstos serán los que lo destruirán y *tomarán su lugar*.

- **Apegándose al pecado.** Hace algunos años los ancianos de una iglesia estaban orando por una mujer que necesitaba urgente liberación. Ella había estado involucrada en el mundo psíquico en el pasado y continuaba en lo mismo, y habían alrededor de sesenta espíritus que debían ser expulsados de ella. Los ministros oraron fervientemente y fueron capaces de expulsar a todos los espíritus, excepto uno. Este pequeño demonio habló a través de la mujer y dijo: "¡Yo quiero salir, pero ella no me deja!" La mujer *deseaba* mantenerlo para seguir viejos hábitos recibiendo su *guianza*. Dios le dio la alternativa, y le dijo: "¡Mi poder está aquí para liberarte si tú quieres ser liberada!" Desafortunadamente ella escogió mantener sus hábitos psíquicos y muchos espíritus regresaron corriendo a ella (Mt.12:43-45). ¡Así que podemos realmente ver que el problema no es Satanás sino el corazón! Ella *amaba* lo que practicaba y Satanás tenía terreno en su vida porque ella lo recibía. Satanás tiene *éxito* en aquellos cuya naturaleza es semejante a la de él. (La mujer que menciono estaba en la iglesia, no en el mundo.)

- **Las declaraciones temerarias, irreflexivas, invitan a Satanás a entrar.** "Satanás os ha reclamado para zarandearos como a trigo" (Lc. 22:31-34). Satanás vio alguna *paja* en la vida de Pedro y lo probó en varias de sus desafiantes aseveraciones. Aseveraciones imprudentes y atrevidas, son como agitar una bandera roja a un toro, y Satanás viene en embestida. Pedro estaba presumiendo de ser más dedicado que los demás diciendo que él nunca abandonaría al Señor, aun si todos los hermanos lo hacían (Mr.14:29-31). Pedro, por sus declaraciones atrevidas, se expuso a una prueba innecesaria. (Dios le permite a Satanás probarnos en las aseveraciones que hacemos, especialmente si no son ciertas.) Podríamos evitar pruebas innecesarias y mantener alejado a Satanás si caminásemos en sabiduría y en humildad.

- **El amor a un mal hábito.** El *poder* de un hábito está usualmente en el *amor* que le tenemos. Hasta que un hombre es cambiado en sus *deseos*, no alcanzará liberación permanente, ¡porque las ataduras siempre regresan cuando son alimentadas! En realidad, todo aquello que habitualmente *practicamos* nos hace adictos a ello. Muchos cristianos sinceros anhelan ser liberados de sus malos hábitos pero aún existe una parte de ellos que ama lo que están haciendo. Por lo tanto, Dios debe tratar con la *voluntad* y los *deseos*. Dios puede obrar en nuestros corazones para *desear y hacer su voluntad* si nosotros se lo pedimos (Fil. 2:13). Permita que Dios trate con el amor a su hábito, entréguele a El su corazón y permítale cambiar sus deseos (Pr. 23:26). Muchos de los que anhelan caminar en la senda de la santidad concluyen: "Es muy difícil, es inalcanzable para mí". Puede que no sea un sendero *fácil*, pero es *posible*, por su gracia.

- **La indisposición a perdonar, le abre la puerta a Satanás.** Satanás, quien está amargado y resentido, tiene comunión con aquellos de su misma naturaleza. Muchas veces las personas no se sienten perdonadas por Dios porque no han perdonado a otros (Mr.11:26). Cuando un hombre no perdona a otro, estará atado a aquel con el cual está resentido, y sus pensamientos estarán diariamente controlados por aquella persona a la que no ha perdonado. La falta de perdón entrega al hombre a los verdugos (Mt.18:21-35). La depresión y la tensión resultan de mantenerse resentido. Pablo nos dice que Satanás tendrá ventaja sobre nosotros si no perdonamos (2 Co. 2:10-11). ¡El perdón no siempre consiste en un sentimiento! Es un acto de la voluntad con ayuda de la gracia divina.

- **La terquedad.** "Y no se apartaban de sus obras, ni de su obstinado camino" (Jue. 2:19). No podemos culpar a Satanás de todo. La terquedad y la voluntad propia son los problemas reales del hombre, no Satanás. ¿Sabía usted que el mayor problema que un misionero enfrenta en el campo misionero es llevarse bien con los demás misioneros? Este es un problema del corazón, no causado por Satanás. Pablo y Bernabé se separaron a raíz de un desacuerdo muy acalorado, y ninguno de los dos estuvo dispuesto a ceder (Hch.15:36-41). Bernabé endureció su corazón, escogió otro camino, y desapareció totalmente de la narración del libro de los Hechos, de allí en adelante es poco lo que oímos de él. Bernabé pudo haberse mantenido a la cabeza en el resto del libro de los Hechos, pero al permitirle a su corazón ofenderse, escogió el plan B. Muchos cristianos escogen otro camino para sus vidas debido a un resentimiento, y entregan parte de su corona al hacerlo porque se han desviado *del plan que Dios había escogido para ellos* (Ap. 3:11).

- **La desconfianza.** La desconfianza y otras áreas de debilidad hacen al hombre vulnerable a las opresiones del diablo. Lea Números 5:12-14, y note que en el verso catorce un espíritu de celos vino sobre un hombre porque *pensó* que su esposa le había sido infiel, pero no fue así. Sus imaginaciones, sospechas y desconfianza fueron hendiduras por las cuales la opresión del diablo entró, y trabajó en él. No se ocupe en reprender al espíritu de celos; edifique la vida interior del hombre con la palabra de Dios, el poder del Espíritu Santo, una mente renovada y la gracia de Dios.

- **La falta de disciplina.** La forma de vida indisciplinada del creyente abre el camino a los ataques del enemigo (Pr.16:32; 25:28). Cuando las personas viven floja e indisciplinadamente derriban las paredes de protección, lo cual las hace vulnerables a los ataques de espíritus inmundos. Drogas, alcohol, deshonestidades, por ejemplo, son señales de que no gobernamos nuestro propio espíritu. Todas estas cosas hacen que las paredes que Dios ha colocado a nuestro alrededor se desmoronen, y permitan a los malos espíritus lograr entrada y dominio. La desobediencia y la *pereza* también derriban los muros de protección, permitiendo a los hombres ser mordidos por la serpiente (Ec.10:8). Siéntese un momento y elabore una lista de las cosas que podrían estar socavando el muro protector que Dios ha puesto a su alrededor.

- **Las imaginaciones.** Las imaginaciones también le permiten al enemigo avanzar sobre nosotros (2 Co. 10:3-5; Gn. 37:28-35). Jacob pensó o imaginó que su hijo José estaba muerto. ¡José *no* estaba muerto! Ya sea real la causa o sólo imaginaria podemos sufrir mucho en nuestras mentes. Para Jacob, esto trajo un espíritu de pesadumbre por veintidós años. Jacob pasó muchos años lamentándose y sufriendo por las cosas que imaginó en su mente. Dios desea liberarnos de nuestras mentes naturales.

- **El amor al mundo.** Pablo dijo: "Demas me ha desamparado, amando este mundo" (2 Ti. 4:10). No podemos culpar a Satanás por la caída de Demas. El tuvo una excelente enseñanza, vio milagros increíbles, experimentó el poder de Dios, tuvo una excelente comunión cristiana, y un excelente ejemplo delante de él (Pablo). Demas *amaba* este mundo y el problema radicaba en su corazón, no en Satanás o en la falta de comunión cristiana. Ni ninguna de las excusas típicas que la gente usa para justificar su caída.

- **Los motivos perversos** (Hch. 20:29-31). Pablo había predicado en Efeso por espacio de tres años, advirtiéndoles diariamente que estuvieran arraigados, fundados y establecidos en Dios y en Su Palabra; porque vendría un tiempo en que Pablo los dejaría. A ellos se les requeriría seguir en pie por sí mismos bajo un liderazgo joven, y ser probados. (Cada iglesia y cada individuo en particular serán probados en algún tiempo.) Pablo predicó más de mil veces allí, pero a pesar de sus exhortaciones y ruegos, varios en la congregación tenían *otros motivos* en sus corazones. Algunos querían atraer discípulos *a sí mismos*. ¡Podemos notar que Satanás no es el problema sino las áreas no redimidas y no rendidas de la vida egocéntrica!

- **Indisposición a admitir faltas.** Un día un pastor le preguntó a un hombre en una institución mental, "¿Quisiera que le dieran la razón o salir de aquí?" Su respuesta inmediata fue "¡Preferiría que me dieran la razón!" Dicho sea de paso, esta misma actitud fue la que lo colocó allí (2 Ti. 2:25-26). Estoy convencido de que muchas veces el único camino para recuperarnos del engaño del diablo es *admitir la verdad acerca de nosotros mismos*, en lugar de justificarnos o defender nuestra posición. A menudo, el único camino para obtener liberación es confesar: "¡Tengo un problema! ¡Esto es lo que soy!" Por lo tanto no es raro que un cristiano *nunca* sea liberado de su atadura, debido a que se rehúsa a reconocer la verdad acerca de sí mismo y, por lo tanto, Satanás continúa teniendo dominio en esa área de su vida. Job fue liberado de su prueba *sólo después* que reconoció y admitió su falta.

Salomón fue un gran predicador que se apartó de Dios en el período de su gran éxito (1 R.11). El Señor, siéndole fiel, levantó un problema (un enemigo) para tratar de llamar su atención y volverlo al camino correcto. Salomón no recibió el mensaje, así que Dios envió otro problema y después otro (1 R.11:13, 23). Salomón entonces hizo lo que hacen la mayoría de los predicadores que han caído. El peleó contra el enemigo en lugar de volverse a Dios. Muchos cristianos y predicadores caídos no pueden discernir si es *Dios o Satanás* quien envía el problema. ¡Cuando hay pecado en nuestra vida *sabemos* quién lo envió! Muchos ministros que han caído, en lugar de reconocer que Dios está tratando de razonar con ellos y hacerlos volver a El, dicen que el diablo ha venido a destruirlos a ellos y a su ministerio, entonces piden a la gente más dinero para luchar contra el diablo (Is. 9:9-13). ¡El problema no es Satanás! Dios solamente lo usa para castigarnos y para ser la oposición que nos hace crecer. El verdadero problema es nuestro corazón, Satanás está aquí únicamente para probarnos (lea Ap. 2:10; 20:10). Cuando Dios haya terminado de usar al diablo para probarnos, lo destruirá.

* Motivos incorrectos, rebelión, lástima propia, ingratitud, indisposición a perdonar, dureza de corazón, leer el material incorrecto, escuchar música incorrecta, estar en lugares incorrectos, con personas incorrectas ... todas estas cosas y muchas más, son razones por las que Satanás gana ventaja. Lo que necesitamos hacer es arrepentirnos *más* y tal vez reprender *menos* al diablo por todo. Muchas veces es mejor *encender la luz* que *reprender las tinieblas*.

• • • •

LA NECESIDAD DE UN NUEVO CORAZON

La rebelión y un corazón duro fueron los grandes problemas de Israel, y también son los nuestros (Lea Neh. 9:26-30). La necesidad de un nuevo corazón y un nuevo espíritu ha sido siempre la necesidad más grande de la humanidad. Debido a esto Dios ha provisto un nuevo pacto en el cual un corazón nuevo es posible y está disponible para cualquiera que esté dispuesto a que esta operación se realice en su vida (Jer. 31:31-33; Ez.11:19-20; 36:25-27). ¡Pero andar fuera del sendero de Dios impedirá esta obra!

¿Qué queremos decir por "corazón"? Cuando leemos en las Escrituras acerca del corazón, no se refiere a un órgano del cuerpo que bombea sangre. No es el corazón de carne en el centro de nuestro pecho que da vida y estimula al resto del cuerpo. Cuando la Palabra de Dios habla del corazón se refiere al centro de nuestro espíritu, al núcleo de nuestro ser, donde residen los más hondos motivos. Este también es el foco central del lugar donde residen nuestros problemas. El corazón es en realidad más profundo que nuestra mente (aunque también tenemos muchos problemas en nuestra mente). La mente es un instrumento de análisis y lógica.

Pero el corazón dicta a nuestra mente lo que debe meditar (Nuestros afectos, motivos, y lo que adoramos están en nuestro corazón). La mente es estimulada por el corazón.

El Señor Jesucristo predicó acerca del corazón más que de cualquier otro tema. El corazón de los hombres es la sede de todos los problemas (Mt.15:18-20; Mr. 7:21-23). Jesús dijo: "De dentro, del corazón de los hombres, salen los malos pensamientos, los adulterios, las fornicaciones, los homicidios, los hurtos, las avaricias, las maldades, la lascivia, la envidia, la maledicencia, la soberbia, la insensatez". Así que nuestra mayor necesidad es obtener un corazón tierno, renovado y sumiso. Se nos advierte que "guardemos (proteger) nuestros corazones con toda diligencia, ya que del corazón mana la vida" (Pr. 4:23). Todas las acciones, elecciones y decisiones de nuestra vida brotan de lo más profundo de nuestro corazón. Aun el corazón de un creyente lleno del Espíritu Santo, con una vida crucificada, debe ser guardado continua y cuidadosamente en contra del orgullo y del abuso (2 Co.12:7).

DESCONOCEMOS LO QUE HAY EN NUESTROS CORAZONES

- **No nos conocemos, ni sabemos cuáles son nuestras verdaderas necesidades** (2 Cr. 32:31). Dios permite que situaciones y personas vengan a nuestra vida para mostrarnos lo que hay dentro de nuestros corazones (1 Cr. 28:9).

- **Dios lleva a su gente a través del desierto para mostrarles lo que hay dentro de ellos** (Dt. 8:2). El propósito de tiempos áridos y difíciles es ayudarnos a ver lo que yace dentro de nosotros mismos. En realidad desconocemos nuestros corazones, Dios tiene que mostrárnoslos.

- **El salmista oraba para que Dios le mostrara su Yo.** "Líbrame de los errores que me son ocultos" (Sal.19:12). "Examíname, oh Dios, y conoce mi corazón; pruébame y conoce mis pensamientos" (Sal.139:23-24).

- **Pablo dijo que él quería conocerse a sí mismo como Dios le conocía** (1 Co.13:12). El confesó también que desconocía lo que había en su corazón, pero que Dios sí lo sabía (lea 1 Co. 4:3-5) (Vea también Lv. 4:2-3; 4:13; Lc. 9:55.)

- **Jeremías dijo que el corazón es engañoso y desesperadamente perverso, pero que nadie puede conocerlo.** Dios tiene que mostrarnos lo que El ve; es orgullo pensar que nosotros por nuestra intuición, instinto o inteligencia podríamos discernir lo que hay en los corazones de otros o lo que hay en nuestro corazón, *si no es por revelación divina*. El Señor es el único que lo sabe y es El quien nos lo debe enseñar. (Pr. 21:2; Jer.17:9-10).

- **Job no podía ver el problema en su corazón.** Después de convencerse de su necesidad, él la confesó y fue liberado de su prueba. Después de conocer a Dios, lo más importante para nosotros es conocernos a nosotros mismos y saber qué es lo que está en el fondo de nuestros problemas. No seremos librados de una atadura hasta que la *veamos*, la confesemos y le pidamos a Dios su misericordia y limpieza. Noventa por ciento de la solución está en *reconocer* el problema. Lo que *pensamos* que es la solución, y lo que verdaderamente es la solución, son dos cosas muy diferentes. En lo natural puede tener un dolor intenso en su pierna y creer que tiene un problema con su pierna, pero la verdadera raíz del problema podría residir en su columna vertebral debido a la presión de un nervio. La analogía es aplicable a nuestra vida espiritual también. ¡Pídale a Dios que le muestre cuál es *la verdadera raíz* de sus problemas! ¡Se sorprenderá!

LA DUREZA DE CORAZÓN

"No endurezcáis vuestro corazón" La Escritura nos advierte y ruega repetidamente que *no* endurezcamos nuestro corazón. Si Dios nos dice que no lo hagamos quiere decir que existe gracia disponible (capacitación divina) para no hacerlo. Por lo tanto, cuando un hombre endurece su corazón es un acto de la voluntad y un rechazo explícito de la gracia de Dios (Lea He. 3:8; 3:15; 4:7; Sal. 95:7-8; Dt. 15:7; 1 S. 6:6; Pr. 28:14; Dn. 5:20; 2 Cr. 36:12-13; Mr. 3:5; 6:52; 8:17; Mt. 19:8). Aun los apóstoles tenían que cuidarse de esto diariamente (Mr. 6:52).

¿Qué es un corazón endurecido? Existen varios grados de dureza en las personas. El endurecimiento comienza cuando un hombre se ofende o es herido, después ese corazón se cierra. Cuando la ofensa es acariciada, el corazón crece en amargura. Si la persona continúa endureciendo su corazón, el desafío y la rebelión se arraigan en él. Cada vez que el hombre se endurece, se ahonda más en el abismo; si el endurecimiento del corazón continúa puede llevarlo aun al suicidio. Esto será desarrollado más detalladamente a través del curso.

Cuando una persona endurece su corazón, ha rechazado la gracia disponible. La gracia (capacitación divina) siempre está disponible cuando estamos necesitados o heridos (He. 4:16; 2 Co.12:9-10). Pero recuerde que Dios nunca permite que su pueblo sea probado más allá de lo que es capaz de soportar (1 Co.10:13). Por lo tanto, cuando ofensas, frustraciones o aun desastres ocurran, la gracia está disponible *instantáneamente*. Pero inmediatamente nos enfrentamos con una decisión: "¿Me endureceré y continuaré con la ofensa, o buscaré al Señor para que me sostenga con su gracia?" Cuando una persona se amarga es porque ha *escogido* rechazar la gracia divina y ha preferido endurecerse (He.12:15). ¡Es una decisión!

¿Cómo endurece el hombre su corazón? ¡A través de la práctica! De la manera que un levantador de pesas desarrolla y fortalece su físico por ejercicio vigoroso y regular, así mismo el hombre interior es fortalecido. La callosidad se desarrolla y el corazón se vuelve duro a medida que la persona practica el endurecimiento cuando es lastimado. Los corazones se endurecen por el *ejercicio*.

El primer paso al abismo es la dureza de corazón. La mayoría de los problemas mentales y emocionales pueden rastrearse hasta llegar al momento en que la persona que endureció su corazón fue lastimada. Si la persona *continúa practicando* el endurecimiento de corazón cada vez que es herido, se puede enterrar y hundir tan profundamente en el abismo, que perderá la habilidad de hacerle frente a sus sentimientos y a la vida misma y puede convertise en una víctima del suicidio. La manera de evitar este horrible abismo es *dar la vuelta y arrepentirse* de sus reacciones erróneas, dependiendo de la gracia y respondiendo con mansedumbre y perdón, en vez de endurecer su corazón.

Karl Marx es un ejemplo clásico de una persona que resistió la gracia de Dios, y se amargó. Karl Marx nació de nuevo en su adolescencia y tenía una dulce relación con el Señor Jesucristo. El se molestó por las condiciones de trabajo en Alemania y quería que la Iglesia se involucrara en resolver las injusticias y opresiones del obrero en aquellos días. La Iglesia no tomó la acción apropiada que él creyó debía haber tomado; la amargura y la dureza empezaron a crecer en su corazón. Marx en vez de enfocar hacia la gracia, se concentró en las injusticias de su tiempo. La raíz de amargura creció en él hasta el punto de vender su alma al diablo y se convirtió en un archienemigo del Señor Jesucristo y su Iglesia. Al llegar a la edad de 20 años, él ya había creado la teoría del comunismo.

Para cualquier insulto, injuria o injusticia que pueda venir en su camino, la gracia divina siempre está disponible para igualar y sobrepasar la herida. Las personas se amargan *únicamente* porque han rechazado esta gracia, endurecido su corazón y decidido continuar con la ofensa.

¿Por qué las personas endurecen su corazón? Por una sola cosa, ello les da un *falso alivio* de la herida y se sienten bien pero eso los conduce al abismo. Una esposa dijo: "¡Es tan agradable odiar a mi esposo después de todo lo que ha hecho!" Esaú *para consolarse* de la ofensa de haber perdido la primogenitura, propuso en su corazón asesinar a su hermano Jacob (Gn. 27:42). Job endureció su corazón en su tiempo de dolor (Job 6:10). La tendencia de todo hombre es endurecerse, y esto nos incluye a usted y a mí.

La dureza de corazón es la mayor causa de los fracasos matrimoniales (Mt.19:7-8; Mr.10:2-9). La dureza de corazón es la incapacidad de perdonar o seguir teniendo consideración, un corazón que se ha vuelto frío e indiferente. Aquí hay algunos síntomas del desarrollo del endurecimiento del corazón: "Qué le vamos a hacer" "Mala suerte" "A mí qué me importa" "Bueno, ya tienes lo que te mereces". Cuando apartamos nuestro espíritu de nuestra pareja, nos cerramos, sacamos a los demás de nuestra vida y cesa la comunicación, entonces hemos endurecido nuestro corazón.

EL ORGULLO es la razón principal por la cual las personas endurecen su corazón. Según Exodo 8:15, un corazón duro es un corazón *fuerte* al que le queda mucha lucha. Personas con mucho orgullo son las que más endurecen su corazón. Faraón es un ejemplo de esto, endureció su corazón diez veces, su corazón era fuerte y orgulloso. Dios endureció a Faraón, quien se había endurecido a sí mismo. La *humildad* es la clave para tener un corazón tierno. Dios suaviza y abre los corazones de aquellos que *practican* el abrir sus corazones a EL (Hch.16:14).

Un corazón endurecido nunca atrae la bendición de Dios, sino lo opuesto. "¿Quién se endureció contra él, y le fue bien?" (Job 9:4). Cuando nosotros nos endurecemos en contra de alguien o de alguna circunstancia, nos estamos endureciendo en contra de Dios, quien ha sido el que ha permitido que la situación llegue a nuestra vida. Podrá observar en la Escritura que cada vez que alguien endureció su corazón, nunca trajo la bendición de Dios, sino su enojo. Es imposible para Dios bendecir a un corazón endurecido. Un corazón endurecido le dice en efecto al Espíritu de gracia: "Aléjate de mí, prefiero animar mis malos sentimientos; tengo el derecho de estar ofendido."

Un corazón endurecido será juzgado por Dios (Jos.11:20). Cuando una persona *repetidamente* se endurece y rechaza la gracia de Dios, después de un tiempo Dios mismo empezará a endurecer ese corazón. (Dios endurece a aquellos que se han endurecido vez tras vez.) Faraón es un vivo ejemplo bíblico de esto (He.10:29).

• • • •

VICTORIA SOBRE LA VIDA EGOCENTRICA

"...A publicar libertad a los cautivos,
y a los presos apertura de la cárcel."
(Isaías 61:1)

TEMAS A DESARROLLAR:

- La batalla entre las dos naturalezas.
- Nuestra meta: poseer un espíritu excelente.
- Cosas heredadas de nuestros primeros padres; Adán y Eva.
- Resultado de la caída: egocentrismo.
- Redención de la caída: interés por otros.
- Los peligros del orgullo: el gran problema de la vida egocéntrica.
- Desarrollar un corazón de siervo, la clave para vencer al yo.
- La necesidad de una mente renovada.
- Conceptos que el Señor desea cambiar.
- Entendiendo al hombre: espíritu, alma y cuerpo.
- Cuidado y guía para el discernimiento: venciendo el predominio del alma.
- Guía para una doctrina correcta - razones por las que los cristianos tienen errores.
- ¿Cuál es nuestra herencia?: ¿Qué es? ¿Cuáles enemigos debemos conquistar para poseer nuestra herencia? ¿Cuáles armas utilizamos contra nuestros enemigos espirituales?.
- La circuncisión espiritual.
- Venciendo los últimos focos de resistencia (31 Reyes).
- Reaccionando correctamente a las ofensas o injurias.
- Resumen de las claves para obtener la victoria sobre la vida egocéntrica.
- Otras observaciones finales.

LA BATALLA ENTRE LAS DOS NATURALEZAS

- "¿De dónde vienen las guerras y los pleitos entre vosotros? ¿No es de vuestras pasiones, las cuales combaten en vuestros miembros?" (Stg. 4:1). El mensaje de Santiago *no* está dirigido a los no redimidos. El está hablándole a cristianos lavados con la sangre de Cristo y llenos del Espíritu de Dios. Verdaderamente existe una batalla dentro de nosotros mismos, pero es una guerra que podemos ganar por la gracia de Dios.

- "¿Por qué soy así?" (Gn. 25:22-23). Esta es la pregunta de los siglos. "Señor, ¿Por qué soy así? ¿Por qué me siento de esta manera? ¿Qué me pasa?" Rebeca experimentó una lucha similar dentro de sí, y en vez de recurrir a un psiquiatra para obtener las respuesta, fue directamente al Señor y le preguntó: ¿Señor, por qué estoy así? Dios le respondió diciendo: "Existen dos clases de personas dentro de ti." Esta respuesta tiene un gran significado, ya que representa la guerra entre la carne y el Espíritu dentro de nosotros. Claro está, dentro de su vientre habían gemelos (*Jacob* representaba al hombre espiritual y *Esaú* al hombre carnal), pero la aplicación y significado de esta alegoría es notable para cada uno de nosotros.

- Los creyentes de Corinto, a pesar de ser nacidos de nuevo, llenos del Espíritu, santificados y de poseer todos los dones del Espíritu Santo, tenían batallas terribles con la carne. Pablo los llamó *carnales*. Estaban plagados de envidia y conflictos, algunos estaban cayendo de nuevo en inmoralidad y borracheras. ¿Cómo podrían ser creyentes en quienes moraba Cristo si actuaban de esta manera?

Tenemos una naturaleza pecaminosa
(1 Juan. 1:8) vs. (1 Juan. 3:9)

* 1 Juan 1:8. "Si decimos que no tenemos pecado (naturaleza), nos engañamos a nosotros mismos y la verdad no está en nosotros". La Palabra de Dios afirma que tenemos una naturaleza pecaminosa, y que debemos confesar que la poseemos (1 Jn.1:9; Jer.17:9; Is. 6:5; Ro. 7:24).

* 1 Juan 3:9. "Todo el que es nacido de Dios no practica el pecado porque la simiente de Dios permanece en él y no puede pecar, porque es nacido de Dios". Cristo en nosotros no puede pecar, El es esa simiente santa dentro de nosotros, y El no puede pecar (1 P.1:23). Aun así, sucede muchas veces que *NOSOTROS* sí pecamos. ¿De dónde viene pues este pecado? Este pecado viene de la vieja naturaleza con la cual nacimos.

- El apóstol Pablo, el intérprete del nuevo pacto dice (tiempo presente): "Queriendo yo hacer el bien, hallo esta ley: que el mal está presente en mí" (la vieja naturaleza); y que "ya no soy yo quien hace aquello, sino el pecado que mora en mí" (Ro. 7:17; 20; 23). Pablo aclara que aún existe una naturaleza de pecado que *reside* dentro de los miembros de nuestro cuerpo, (1 Co. 9:27; 2 Co. 12:7).

- Jesucristo tenía dos naturalezas. El era el *Hijo del Hombre*, su cuerpo fue hecho de la misma sustancia de María, de la raza de Adán. El era de la simiente de David y de Abraham. Su cuerpo estaba formado exactamente igual al nuestro. Jesús fue hecho en semejanza de carne de pecado (Ro. 8:3), y fue tentado en todo como nosotros. (He. 2:14-18; 4:15). ¡Pero Jesús nunca cedió, nunca se rindió al pecado. Jesús fue y es el *Hijo de Dios*, su alma y su espíritu son eternos. El descendió del cielo para habitar en un cuerpo de carne pecaminosa. Como hombre que vive en un cuerpo de carne humana pecaminosa, El condenó al pecado en la carne, al NUNCA someterse a los deseos de la misma.

¿Cuál es el remedio para la vieja naturaleza?

- Cuando nacemos de nuevo, Cristo entra en nosotros y *empezamos* a poseer una nueva naturaleza. El literalmente nace en nosotros como una semilla (1 P. 1:23). Cristo desea crecer dentro de nosotros hasta que EL sea totalmente formado en nosotros (Gá. 4:19). ¿Pero acaso no es verdad que aun después de haber nacido de nuevo y de ser llenos del Espíritu Santo, aún existen muchas batallas con la carne? (*La carne, la vieja naturaleza, y el viejo hombre* y carnal, son todos términos sinónimos que describen con lo que nacemos.) Lo que trata con la carne, la vieja naturaleza y el hombre viejo... *es la experiencia de Romanos 6:6*.

- Romanos 6:6 es una experiencia definida y absoluta, que debe ser diferenciada del nuevo nacimiento y de la llenura del Espíritu. "*Sabiendo que nuestro viejo hombre fue crucificado juntamente con él, para que el cuerpo del pecado sea [hecho] inoperante*". La palabra "sabiendo" viene de una palabra griega que significa "un conocimiento que viene por experiencia". Este conocimiento de que nuestro viejo hombre fue crucificado no es un conocimiento mental o algo que se toma por fe. *Es una experiencia, una revelación de Dios,* y Dios anhela llevar a cada creyente a esta experiencia. Algo dramático tiene lugar cuando Romanos 6:6 es experimentado, nuestro viejo hombre se queda sin poder. Este es el pensamiento de que nuestra vieja naturaleza es *arrestada* y traída a sujeción para que podamos gobernarla. Experimentar Romanos 6:6 nos permite tener el poder de hacer una elección a favor de la santidad o a favor de la carne.

Al usted comparar cuidadosamente todos los demás pasajes de las Escrituras con éste, notará que la experiencia de Romanos 6:6, no lleva la idea de la *erradicación* de la vieja naturaleza. La vieja naturaleza aún existe, pero está arrestada y puesta en la cruz, haciéndose cada vez más débil, a medida que rehusamos alimentarla o ejercitarla. Pero nuestro hombre nuevo (Cristo en nosotros) se hace más y más fuerte a medida que El es ejercitado y alimentado. Lea la analogía de 2 Samuel 3:1; Saúl (carnal) se debilitaba más y más, pero David (espiritual) se hacía cada vez más fuerte. Aun después de la experiencia de Romanos 6:6, la santidad es todavía una elección, una batalla.

Tenemos que considerar impotente nuestra vieja naturaleza y entonces *rendir* nuestros miembros a Dios (Ro. 6:11,13,14). La santidad es todavía una decisión, una batalla. Antes de Romanos 6:6 apenas teníamos una opción, y en cierta manera el pecado ejercía dominio sobre nosotros en muchas formas. Romanos 6:6 nos da el poder de escoger la santidad.

- **Romanos 6:6 coloca a nuestro viejo hombre en la cruz; lo *arresta*. Pero no lleve el pensamiento de "muerto al pecado" a un extremo. Nuestra vieja naturaleza nunca es erradicada ni nunca deja de existir durante esta vida en nuestros cuerpos mortales. En la resurrección recibiremos nuestros cuerpos nuevos exentos de la vieja naturaleza. LA REDENCION TOTAL no será completada hasta que resucitemos (Ro. 8:23). Recuerde que la palabra "muerte" no significa olvido.**

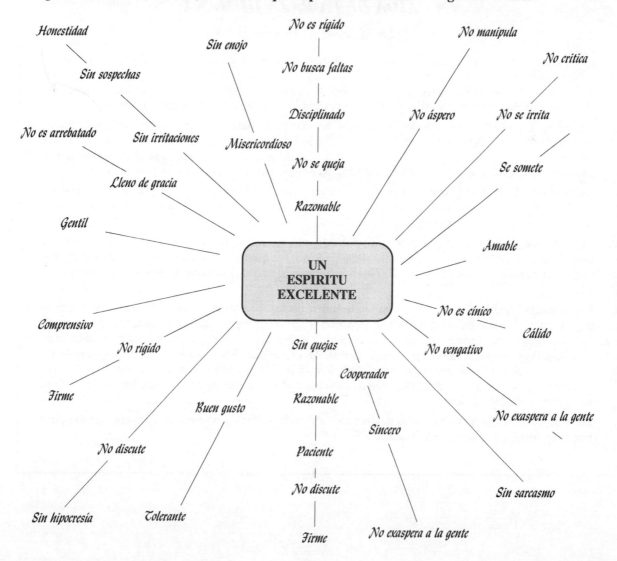

TENIENDO UN ESPIRITU EXCELENTE

NUESTRA META es llegar a la calidad de un *espíritu excelente*. Es lo que lleva a un creyente al favor con Dios y con el hombre. ¡Daniel lo tenía! (Dn. 6:3). Un espíritu excelente es el resultado de la entrada de la sabiduría a nuestros corazones (Lc. 2:40; 2:52). La sabiduría sabe como reaccionar y responder a las personas y situaciones, también es la habilidad de ver las cosas desde la perspectiva de Dios. La sabiduría es un regalo de Dios al que la busca sinceramente; El anhela impartirla con liberalidad (Stg.1:5).

¡LA SABIDURIA producirá un espíritu excelente! Cuando empezamos a ver a las personas y situaciones a través de los ojos de Dios, seremos cambiados, la crítica, las quejas y la preocupación cesarán. El don de una mente renovada puede transformarnos totalmente en otro hombre o mujer. La mayoría de nuestros problemas están arraigados en el hecho de que nosotros no vemos las cosas como Dios las ve (Is. 55:8-9). El Señor le habló un día a un pastor y le dijo, "Si sólo pudieras ver lo que yo estoy viendo, harías lo mismo." ¡Su preocupación cesó!

La sabiduría también nos ayudará a cumplir el mandamiento de 2 Timoteo 2:24-25. No ser contencioso con el que se opone, sino pacientemente guiarlo al arrepentimiento. La sabiduría también produce pureza en nuestros corazones. La sabiduría sabe cómo distinguir los asuntos, y prudentemente evita clasificar a *todos* y a *todas las cosas* en la misma categoría. La sabiduría es la clave para edificar un hogar. La sabiduría tiene siete columnas sobre los cuales un hogar debe ser construido. Lea Proverbios 9:1, Santiago 3:13-18.

LA CAIDA DE LA RAZA HUMANA
(Génesis capítulo tres)

Cuando nuestros primeros padres Adán y Eva transgredieron en el paraíso, su caída causó que todos nosotros cayéramos, porque nosotros estábamos *en* ellos. ¡Todos fuimos afectados por lo que ellos hicieron! Todas sus debilidades e inclinaciones desde entonces han sido transmitidas a nosotros. Observe, conforme vaya leyendo el relato de la Caída en Génesis capítulo tres lo siguiente:

* Satanás atacó a la mujer cuando estaba lejos de su esposo. Satanás la indujo por engaño a tomar una decisión importante sin antes haber consultado con su marido, quien era su cabeza. Desde el comienzo el principal ataque de Satanás ha sido contra el matrimonio porque él desea dividir al hombre y a la mujer. El blanco central de Satanás es el matrimonio, especialmente la mujer.

* Satanás estaba haciendo todo lo posible para lograr que Eva hiciera lo que él hizo; *exaltar su propio ego*. El le dijo: "Esta fruta te va a hacer igual a Dios, tendrás una inteligencia extraordinaria y serás igual a Dios, aquí está ¡Pruébala!"

* Eva estaba recibiendo la naturaleza de Satanás, mientras lo escuchaba. ¡Esta es una palabra de alerta! Recibimos la naturaleza, espíritu y mentalidad de aquellos a quienes nos abrimos y escuchamos. Nunca mantenga un diálogo con Satanás como lo hizo Eva. Mientras más le oía, más se parecía a él.

Las debilidades de Adán y Eva nos han sido transmitidas. Nosotros estábamos **en** ellos y somos la pura esencia de ellos: espíritu, alma, cuerpo y mente. Pero también somos responsables de transmitir nuestra *naturaleza* a nuestros hijos. Las acciones y decisiones que nosotros tomamos afectan la condición espiritual de nuestros hijos. La condición espiritual de un padre y una madre cuando un niño es concebido, es lo que le dan a su hijo. Cuando los padres son necios y desobedientes, esto es exactamente lo que le dan a su hijo. Pero cuando los padres son obedientes a Dios, los niños tendrán un espíritu obediente también.

Los niños son un espejo vivo de su padres. Por eso cada victoria que ganamos es una victoria para nuestros hijos, naturales o espirituales.

PROBLEMAS QUE HEREDAMOS DE NUESTROS PRIMEROS PADRES

1.) Dudar, cuestionar o retar la Palabra de Dios (Gn. 3:1). El primer paso en la estrategia de Satanás es poner en *duda* la Palabra de Dios. El dijo: "¿Conque Dios os ha dicho?" Al Eva escuchar, empezó a pensar y a decir la misma cosa. Ella estaba recibiendo su espíritu en ella. La serpiente usó la razón y la racionalización desvirtuar todas las prohibiciones de Dios. Y entonces Satanás hizo una *tajante negación* de que habría juicio "Ciertamente no moriréis" (Gn. 3:4), (no habrá consecuencias ... tú malentendiste a Dios en lo que dijo, ¡ve y hazlo ya!), y Eva le creyó (2 Co.11:3).

2.) ¡El orgullo! Desear ser algo que Dios no quiso que fuéramos. "Seréis como Dioses" (Gn. 3:5). Satanás siempre quiso ser Dios, esto estaba en su corazón y ahora se lo sugiere a Eva. "Serás Dios" (Is.14:12,14). Lo que está en el corazón sale por la boca. Eva aceptó la idea y recibió en su ser el mismo espíritu maligno. "*¡Quiero ser Dios!*"

3.) Determinar asuntos por lo que sentimos, o por las apariencias, en vez de hacerlo de acuerdo con lo que Dios ha hablado. El fruto prohibido según Génesis 3:6 era "agradable a los ojos." Las cosas prohibidas tienen un *atractivo* peculiar. Parecía bueno, y la hizo sentir bien. Eva se mantuvo mirando y *meditando* acerca del fruto. Finalmente la infatuación tomó lo mejor de ella. Recuerde, nuestra vista y nuestras emociones son *engañosas*. Jesús nos advierte no juzgar las cosas según las *apariencias* (Jn. 7:24, Is.11:3-4). Dios ya había dicho, ¡Ni le tocaréis! (Gn. 3:3). La mayoría de los pecados se inician con los *ojos*, entonces son fortalecidos por las *meditaciones*. Finalmente llega a ser un acto. El pecado por lo tanto puede ser cortado cuando está en cierne.

4.) Curiosidad por conocer lo que Dios no quiere que sepamos. El fruto prohibido era "codiciable para alcanzar la sabiduría" (Gn. 3:6). Sin embargo, este era un conocimiento que Dios no quería revelar. La serpiente continuó insistiendo astutamente: " Un bocado del fruto abrirá tus ojos para ser como Dios, tendrás una inteligencia superior." La meta de Satanás era que Eva *se exaltara a sí misma,* como él lo hizo (1 R.1:5). ¡Satanás quería que ella actuará independientemente de Dios y de su esposo! ¡El quería que Eva se liberara! De esta manera Eva quedaría sin *protección* y sería engañada por la serpiente.

El hombre caído tiene un deseo inmenso por conocer lo prohibido. La naturaleza caída está fascinada con el espiritismo, el mundo psíquico, lo misterioso, la astrología, la percepción extrasensorial, el control mental, la reencarnación, etcétera, y anhela tener la capacidad de saber y predecir el futuro. El hombre caído ama las teorías, las filosofías, la psicología y otras "ologías" que parecen muy inteligentes pero son falsas. Así que la Escritura declara: "Dios hizo rectos a los hombres, pero ellos se buscaron muchas artimañas" (Ec. 7:29; Ro.1:21-22).

5.) Adán deseaba mas el amor humano que el de Dios (Gn. 3:6; 1 Ti. 2:13-14). Eva fue engañada, Adán no. El llegó a la escena y entendió lo que Eva había hecho. El no la quería perder, e inmediatamente se vio frente a una decisión crucial: "¿A quién amo más, a Dios o a Eva?" Como no quería perderla, se identificó con ella y comió del fruto prohibido, en lugar de obedecer el mandato de Dios. En efecto, él *la* amaba más que a Dios. Esta fue la raíz del pecado de Adán, y sin duda alguna es la mayor debilidad del corazón humano hasta el día de hoy. ¿Cuántas veces el amor humano, las amistades y la elección del compañero matrimonial (sin consultar a Dios) han sido más importantes para el cristiano que hacer la voluntad de Dios? Pero cuando el amor humano es colocado antes que el de Dios, el resultado *siempre* es conflicto y dolor.

6.) Escondernos, volvernos introvertidos y evasivos. "El hombre y su mujer se *escondieron* de la presencia de Dios" (Gn. 3:8-11). Otro de los rasgos terribles de la naturaleza caída y pecaminosa, es que nos hace tenerles miedo a Dios y a otros. Crea paredes, sospechas, imaginaciones, miedos, etcétera. La caída le causa al hombre evadir, enconcharse, esconderse, apartarse, defenderse, separarse de Dios y de los demás. La caída ha hecho del hombre un ser introvertido y encerrado en sí mismo, sin el deseo de exponer y abrir su corazón a Dios. El egocentrismo y la timidez son resultados directos de la caída.

7.) Culpar a otros (Gn. 3:12-13). ¡Adán *culpó* a Eva y a Dios! Y Eva culpó al diablo. Adán dijo, "La mujer que *tú* me diste..." Eva dijo: "La serpiente me engañó". Una evidencia notable de la naturaleza caída es que el hombre sobreprotege su ego inseguro, y busca culpar a otros de sus fallas. "Si solamente ella no hubiera hecho o dicho eso, si solamente esto no hubiera sucedido." El hombre *culpa* a otros con el fin de aliviar su propia culpa. ¡Dios desea una confesión honesta de mí! Mis problemas empiezan a ser resueltos *únicamente* cuando confieso dónde está el verdadero problema; en mí, no en mi compañero. Una confesión verdadera y honesta de *nuestras* faltas, no las de nuestro vecino, ¡nos libera de ataduras! (Pr. 28:13).

Lo más difícil para uno que ha caído es admitir sus propias faltas y fracasos. El culpará a Dios, a las circunstancias, a su pareja, a los padres, jefes o a un ministro del cual dirá que es un hipócrita. El culpará a todos y a cada cosa por su condición, pero no *a sí mismo*. Caín, el hijo de Adán, nunca mostró remordimiento por el asesinato de su hermano menor, ni confesó su culpabilidad. Solamente se quejó de que la sentencia era muy dura (Gn. 4:9-13). Muchos criminales van a decirle que han *caído en una trampa*, en lugar de hacer una confesión honesta de sus delitos. ¿Recuerda a aquel ladrón en la cruz en el Evangelio de Lucas 23:39-43? Aquí tenemos a un criminal haciendo una confesión honesta, él estaba recibiendo lo que merecía. ¡*Esto es verdadero arrepentimiento*! ¡Por eso se fue al cielo! ¿Recuerda la diferencia entre estos dos criminales? Uno se culpaba a sí mismo, pero el otro culpaba a Dios, acusándole de haberlo sentenciado muy duramente.

• • • • •

LA CAIDA NOS HA HECHO EGOCENTRICOS

✷ Tratando de ser algo para lo cual no fui hecho. Orgullo, ambición. "Seré como Dios".

✷ Curiosidad, fascinación por conocer cosas que no debemos saber. *Algo para el yo.*

✷ Haciendo decisiones importantes guiados por las emociones, sin consultar a Dios y sin buscar el consejo de hombres piadosos.

✷ Volviéndonos introvertidos, temerosos de Dios, eludiendo a otros.

✷ Prefiriendo el amor humano y las amistades, más que el amor de Dios y su favor.

✷ Desafiando, cuestionando, dudando, racionalizando la Palabra de Dios.

✷ Culpando a otros, con el objeto de disminuir los sentimientos de culpabilidad y proteger el propio ego.

CRISTO desea libertarnos de nosotros mismos y del egocentrismo con el objeto de que podamos llegar a ser su amada esposa sin mancha ni arruga (Ef. 5:26-27; Ro. 12:2). Cristo no es egocéntrico, ni se casará con una esposa egocéntrica. El es el postrer Adán y recuperó todo lo que el primer Adán perdió. El primer Adán era egocéntrico, el postrer Adán se interesa en otros, es un siervo, y totalmente sin egoísmo. Hacerse un **siervo** como Jesús, es la clave para vencer el egocentrismo y llegar a ser Su Esposa (2 Co. 11:2-3).

• • • • •

RESULTADO DE LA CAIDA
EGOCENTRISMO

Síntomas del egocentrismo: Orgullo, ira, autoconmiseración, susceptibilidad, depresiones, tendencia a ofenderse y resentirse, rencor y otros conflictos. El egocentrismo significa justo lo que dice: ¡Todo gira de MI alrededor! Relaciona todo lo que se dice o hace consigo mismo. Por naturaleza todos somos egocéntricos.

Dios le preguntó a Adán el padre de nuestra raza: "¿Dónde estás?" ¡Dios continúa haciéndoles la misma pregunta a los hijos de Adán, debido a que existen numerosas áreas en nuestra vida que aún *escondemos!* Muchas veces por un mal pasado (las heridas de haber sido indeseado, rechazado, objeto de abuso o abandonado), las personas se encierran en sí mismas, construyen una pared a su alrededor y viven en su propio mundo. Dios desea quebrar esta concha que ha sido construida alrededor del corazón.

Nuestro hombre interior tiene *recámaras* y muchos escondrijos internos. Muchas de estas recámaras aún tienen candados. Dios tiene la llave para cada una de estas áreas en donde aún estamos aprisionados o inproductivos, y El desea libertarnos en cada uno de estos escondrijos internos de nuestro ser. Dios desea que le abramos cada puerta de nuestro ser para que así seamos fructíferos.

Señales del egocentrismo
(Note la ausencia de un corazón de SIERVO como el que Jesús tenía.)

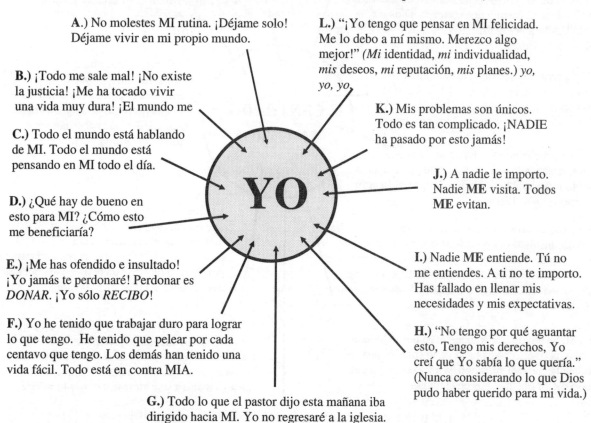

A.) No molestes MI rutina. ¡Déjame solo! Déjame vivir en mi propio mundo.

B.) ¡Todo me sale mal! ¡No existe la justicia! ¡Me ha tocado vivir una vida muy dura! ¡El mundo me

C.) Todo el mundo está hablando de MI. Todo el mundo está pensando en MI todo el día.

D.) ¿Qué hay de bueno en esto para MI? ¿Cómo esto me beneficiaría?

E.) ¡Me has ofendido e insultado! ¡Yo jamás te perdonaré! Perdonar es *DONAR.* ¡Yo sólo *RECIBO*!

F.) Yo he tenido que trabajar duro para lograr lo que tengo. He tenido que pelear por cada centavo que tengo. Los demás han tenido una vida fácil. Todo está en contra MIA.

G.) Todo lo que el pastor dijo esta mañana iba dirigido hacia MI. Yo no regresaré a la iglesia.

L.) "¡Yo tengo que pensar en MI felicidad. Me lo debo a mí mismo. Merezco algo mejor!" *(Mi* identidad, *mi* individualidad, *mis* deseos, *mi* reputación, *mis* planes.) yo, yo, yo,

K.) Mis problemas son únicos. Todo es tan complicado. ¡NADIE ha pasado por esto jamás!

J.) A nadie le importa. Nadie ME visita. Todos ME evitan.

I.) Nadie ME entiende. Tú no me entiendes. A ti no te importa. Has fallado en llenar mis necesidades y mis expectativas.

H.) "No tengo por qué aguantar esto, Tengo mis derechos, Yo creí que Yo sabía lo que quería." (Nunca considerando lo que Dios pudo haber querido para mi vida.)

DATO: En muchos matrimonios destruidos, una de las partes sabe muy bien lo que *el otro* hizo para ofenderlo al máximo, ¡pero casi siempre no se da cuenta de lo que *él* ha hecho para ofender al máximo a su compañero! *¿Por qué?* Porque las personas egocéntricas son muy sensibles a sus propias necesidades, pero insensibles a las necesidades de otros. El egocentrismo y el egoísmo son las principales razones del fracaso matrimonial.

¡ Alguien absorto en sí mismo tiene muy poco que dar!

REDENCION DE LA CAIDA
CENTRADO EN OTROS

(Siendo un siervo)

¡LA NATURALEZA DE DIOS ES DAR!

* Juan 3:16 - Dios amó tanto... que El dio.
* Romanos 15:3 - Pues aun Cristo *no se agradó a sí mismo*.
* Hechos 20:35 - Más bienaventurado es *dar* que recibir.
* Mateo 20:26 - Mas entre vosotros no será así, sino que el que quiera hacerse grande entre vosotros será vuestro *siervo*.
* Marcos 10:45 - Porque el Hijo del Hombre no vino para ser servido, sino para servir, y para dar su vida.

CENTRADO EN OTROS

A.) Señor, te permito interrumpir mi rutina y cambiar las áreas donde estoy pensando mal. ¡Estoy cansado de vivir una rutina!

B.) Tengo tanto por lo que estar agradecido. No soy digno de las bendicones que hasta hoy he recibido de Ti, y según el Salmo 103:10, Dios no me ha dado el castigo que merezco. Dios me ha dado bendiciones disfrazadas en cada *injusticia* que he sufrido (Gn.50:20).

C.) Reconozco que necesito sobreponerme a mis imaginaciones (2 Co. 10:5). La gente no está pensando sólo en Mí. Ellos están pensando en *sí mismos* y en sus problemas.

D.) La prueba de mi ministerio *no* es cuánto estoy avanzando, sino cuánto estoy ayudando a otrosa avanzar. "Señor, voy a buscar edificar tu cuerpo" (1 Co. 12:14).

E.) ¡Ahora reconozco que la razón por la que me he sentido insultado es porque he tenido un concepto muy alto de mí mismo! Si yo fuera manso y humilde como el Cordero de Dios, estos conflictos no me afectarían (Ro.12:3). ¡Perdonaré! *Perdonar es dar; yo deseo dar... por la gracia de Dios.*

F.) Sí, he tenido que trabajar duro por todo lo que tengo, pero esto no es fuera de lo común, casi todos lo han hecho. Mi situación es muy ordinaria y la paso mejor que muchos en el mundo.

G.) El pastor no se dirigía a mí, éramos muchos los que necesitábamos escuchar el mismo mensaje. Cada cosa que *se dice o hace* no está diseñada únicamente para mí, sino también para otros.

H.) (2 Ti. 2:10, 1 Co.9:19-22). "Todo lo soporto por amor de los escogidos". Superaré las inconveniencias. A menudo la razón por la cual las personas *se dan por vencidas* es porque no todo sale a su manera y se atormentan por lo mismo.

I.) ¿Realmente he tratado de entender por qué esta persona ha reaccionado así? ¡No debería tomar su reacción tan personalmente! ¡Probablemente está pasando por dolor o tal vez está preocupada por algo que no tiene nada que ver conmigo!

J.) Debo rechazar mi actitud de "Nadie me ama". ¿Qué he hecho hoy para mostrar amor a los demás? Hay muchas personas solas y frustradas a mi alrededor que necesitan ser animadas. Usame, Señor.

K.) Yo sé que mis problemas no son extraordinarios. Cada quien tiene pesares. *¡Señor ayúdalos! (Vea 1 Co.10:13; 1 P.5:9).*

L.) Señor, yo sé que no merezco nada. Yo escojo estar agradecido por TODO (Mt.5:3). ¡Tú viviste una vida abnegada y no soy mejor que tú. Yo fui creado para darte placer (Ap.4:11). No buscaste una

---

* Si queremos y estamos dispuestos, Dios puede quitar todos estos males de nuestra alma pero tomará tiempo y muchas veces será doloroso , pero Dios es capaz de redimirnos totalmente (Sal.130:7). El libertará a su gente de toda imaginación, de cada prisión, de cada atadura y de cada rutina. Dios no es un Dios de *rutinas*. Cristo anhela rescatar a sus redimidos de las cadenas del amor al yo, iluminar cada área de nuestras almas donde hay oscuridad y donde estamos todavía *escondiéndonos*.

Comparación entre la VIEJA NATURALEZA y la NUEVA NATURALEZA que Dios nos quiere dar.

(Hechos 20:35)

Más bienaventurado es DAR	Que RECIBIR
Centrado en otros (*Nueva naturaleza*)	**Centrado en sí mismo** (*Vieja naturaleza*)
UNA PERSONA FUERTE	UNA PERSONA DEBIL
UNA PERSONA DESINTERESADA	UNA PERSONA EGOISTA
LA VIDA GIRA ALREDEDOR DE OTROS (¿Qué puedo hacer para ayudar?)	LA VIDA GIRA ALREDEDOR DEL YO (¿Qué hay aquí para mí?)
CORAZON DE SIERVO NO MI VOLUNTAD	INDEPENDIENTE - MI VOLUNTAD, MIS DERECHOS
POSITIVO- BRILLANTE, AMABLE (*Tiene un corazón que cree.*)	NEGATIVO - ABURRIDO, DEPRIMIDO (*Tiene un corazón incrédulo*)
SEGURO- PUEDE DECIR: "LO SIENTO, ME EQUIVOQUE"	INSEGURO - NO PUEDE DECIR: "ME EQUIVOQUE"
LUZ EN EL HOMBRE INTERIOR (*Un corazón expuesto a la Luz*) (*Dios ha escudriñado el corazón*)	TINIEBLAS EN EL HOMBRE INTERIOR (*Un velo de pretensión se escuda.*) (*Dios quisiera escudriñar nuestros escondrijos.*)
HUMILDAD=FORTALEZA	ORGULLO = DEBILIDAD
Jesús es humilde - libre de todo conflicto y tiene perfecta paz.	*Satanás es orgulloso - está lleno de conflictos, confusión, tormentos.*
EL AMOR DIVINO **DA**	EL AMOR EGOISTA RECIBE
LA NUEVA NATURALEZA: Cuando "renacidos" de simiente incorruptible tenemos un nuevo padre, estamos en una familia diferente y empezamos a tomar una nueva mente y un nuevo estilo de vida.	LA VIEJA NATURALEZA: La naturaleza de Adán y Eva, la naturaleza heredada al momento de nacer. La vieja naturaleza está centrada en sí misma, busca lo propio, está satisfecha de sí misma, es orgullosa y
LOS DADORES NUNCA MENDIGAN	**LOS MENDIGOS NUNCA DAN**

Oración de San Francisco: "Señor...amar más que ser amado, comprender más que ser comprendido".

Victoria • Página 23

CUESTIONARIO DE REPASO
(Páginas 9 - 24)

1.) La batalla más grande del hombre no es contra el mundo ni contra Satanás. ¿Dónde se encuentra el conflicto o la lucha más grande del hombre? _____

2.) Cuando Satanás y sus malos espíritus sean juzgados y removidos de la tierra, el hombre aún tendrá problemas con el corazón de piedra y rebelde. **VERDADERO o FALSO**

3.) Muchas veces Satanás entra a nuestro corazón porque ha sido invitado. **VERDADERO o FALSO**

4.) Pedro tenía ciertas debilidades en su vida (Lucas 22:31-34). ¿Cuáles eran estas debilidades? _____

5.) ¿Tendrá un creyente una liberación duradera (permanente) si continúa alimentando sus hábitos pasados? _____

6.) De acuerdo con Segunda Corintios 2:10-11, ¿qué le permite hacer a Satanás la indisposición a perdonar? _____

7.) La terquedad, la dureza y la resistencia de nuestro corazón es un enemigo aun mayor que Satanás. ¿Qué versículo del Antiguo Testamento dice: "Y no se apartaban de sus obras, ni de su obstinado camino". ____

8.) ¿Qué versículo indica que la desconfianza es un área débil que los espíritus pueden atacar? _____

9.) ¿Cuál es el mayor problema que un misionero enfrenta (o cualquier cristiano)? Escoja una de las siguientes: a.) Malas condiciones de vida; b.) Falta de dinero; c.)Falta de buena enseñanza; d.)Llevarse bien con otros creyentes.

10.) ¿Qué hombre en el libro de los Hechos se ofendió y escogió un camino diferente del camino en el que Dios lo había colocado?

11.) ¿Qué hombre en el libro de Génesis sufrió durante veintidós años por algo que imaginó en su mente? _____

12.) ¿Qué colaborador finalmente abandonó a Pablo, no por causa de Satanás, sino porque amó el mundo? _____

13.) ¿Carecían de buena enseñanza los líderes que querían arrastrar discípulos tras sí? (Hechos 20:29-31).__

14.) Satanás puede tener una fortaleza en la vida de un creyente que rehúsa reconocer la verdad acerca de sí mismo (Segunda Timoteo 2:25-26). **VERDADERO O FALSO**

15.) Cuando un predicador cae y Dios le envía un problema para atraer su atención ¿a quién el predicador generalmente le atribuye el problema?

16.) ¿Cuál ha sido siempre la necesidad más grande del hombre? _____

17.) Dios nos da un corazón nuevo con un toque instantáneo. **VERDADERO O FALSO**

18.) El proceso para obtener un corazón nuevo es lento, y viene gradualmente al rendir nuestro corazón a Dios y reaccionar siempre positivamente a lo que El nos dice. Si no permanecemos en Sus caminos, no obtendremos, al final, un corazón de carne. **VERDADERO O FALSO**

19.) ¿A qué se refiere la Escritura cuando habla del "corazón"? Escoja una de las siguientes:
    a.) El centro de nuestro ser, nuestro espíritu.
    b.) El órgano que bombea nuestra sangre.
    c.) El instrumento de la razón.

20.) ¿Podemos saber verdaderamente lo que hay en nuestro corazón, aparte de la revelación divina? _____

21.) Después de conocer a Dios, qué es lo más importante que debemos conocer? _____

22.) Cuando un hombre endurece su corazón, ha escogido rechazar la gracia disponible. **VERDADERO O FALSO**

23.) ¿Qué versículo muestra claramente que Dios nunca permitirá que enfrentemos penas o dolores que no podamos soportar? _____

24.) El corazón se vuelve insensible y se endurece por: _____

25.) ¿Cómo comienzan la mayoría de los problemas mentales y emocionales? _____
_____

26.) ¿Qué joven se convirtió en un líder del movimiento comunista como resultado de una ofensa que no pudo perdonar cuando era un cristiano adolescente? _____

27.) El endurecimiento del corazón puede ser una forma falsa de alivio o consuelo cuando uno es ofendido o herido. **VERDADERO O FALSO**. ¿Qué hombre endureció su corazón para tratar de consolarse, después de haber tenido la actitud correcta al inicio de su prueba? _____

28.) El endurecimiento de corazón es la razón principal por la cual los matrimonios fracasan. Un corazón duro es incapaz de perdonar o seguir teniendo consideración. **VERDADERO O FALSO**

29.) La humildad es la razón principal por la cual las personas endurecen su corazón. **VERDADERO O FALSO**

30.) ¿Bendice Dios un corazón endurecido? _____

31.) "¿De dónde vienen las guerras y los pleitos entre vosotros? No es de vuestras pasiones, las cuales combaten en vuestros miembros?" (Santiago 4:1. En este versículo, está Santiago hablando a los creyentes o a los incrédulos? _____

32.) ¿Qué mujer en el libro de Génesis tuvo en su ser interior una batalla entre dos personas? _____

33.) ¿Qué versículo dice que si nosotros decimos que no tenemos una naturaleza pecaminosa, nos engañamos a nosotros mismos? _____
¿Qué versículo indica que "Cristo en nosotros" no puede pecar? _____

34.) Jesús nunca pecó, pero Su cuerpo tenía la naturaleza pecaminosa original de Adán, y El sintió todas las tentaciones y presiones que nosotros sentimos, sin embargo, El nunca se rindió al mal. **VERDADERO O FALSO**

35.) La experiencia de Romanos 6:6 (morir al pecado), es una de las bendiciones de la cruz, y Dios nos dará esta experiencia en la medida en que caminemos con El. Romanos 6:6 arresta nuestra naturaleza caída, pero no la erradica. **VERDADERO o FALSO**

36.) La sabiduría produce un espíritu excelente dentro de nosotros, y ve las cosas desde la perspectiva de Dios. La sabiduría sabe cómo responder a las personas y a las circunstancias, y no clasifica a las personas en la misma categoría. La sabiduría es uno de los tesoros más valiosos de Dios, y El la da abundantemente. (Santiago 1:5). **VERDADERO O FALSO**

37.) Satanás atacó a Eva cuando ella estaba sola. El estaba atacando su matrimonio y estaba impulsando a Eva a tomar una decisión importante independientemente de su esposo. **VERDADERO o FALSO.** Satanás quería que ella exaltara su Yo, así como él lo hace. **VERDADERO o FALSO**

38.) ¿Cuál fue el pecado fundamental (básico) de Adán? _____

39.) ¿Qué criminal no admitió su culpa, pero afirmó que su sentencia era muy severa?
¿Qué otro criminal dijo que había recibido lo que merecía? _____

40.) Como resultado de la Caída nosotros somos: _____ céntricos. Cuando somos redimidos de la Caída nosotros podemos centrar atención en: _____

41.) Las personas no están pensando todo el tiempo en mí, ellos son como yo, ellos piensan en sí mismos. **VERDADERO o FALSO**

42.) Por naturaleza somos egocéntricos. ¿Qué hombre desinteresadamente oró para que pudiera amar, más que ser amado... para entender, más que ser entendido? _____

Vea las respuestas en las páginas 99 - 101

Victoria • **PÁGINA 25**

LOS PELIGROS DEL ORGULLO
(¡El orgullo es el mayor problema que el hombre tiene!)

SATANAS NO ES NUESTRO MAYOR ENEMIGO, ¡LO ES NUESTRO YO! EL ORGULLO ES EL GRAN PROBLEMA DEL YO. El orgullo es la causa de la mayoría de nuestras luchas. Aun si Satanás fuera atado ahora mismo, el hombre aún conservaría la *naturaleza del orgullo* que debe cuidadosamente observarse y restringirse (2 Co.12:7). Los hombres caen debido al orgullo (Pr. 16:18; 29:23).

EL ORGULLO ES LA RAZON POR LA QUE SATANAS CAYO. El orgullo se opone a Dios y busca exaltarse sobre Dios y la voluntad de Dios. Esta es la razón por la que Dios resiste a los soberbios. Satanás deseaba algo para *sí mismo* que Dios sabía que no era bueno para él. Satanás quería tener *igualdad de derechos*. El demandaba voz y votos iguales con Dios (Is. 14:12-14). Lucifer deseaba controlar el universo. El orgullo se levantó dentro de él y pensó: "¡Yo puedo manejar el cielo tan bien o mejor que Dios mismo!" (Fíjese en las cinco veces que Satanás dijo: "Yo haré.") El orgullo es la fuente del engaño (Lea Abd.1:3).

Dios ya le había concedido belleza, sabiduría y carisma extraordinarios (Ez. 28:12-15), ¡pero él no estaba satisfecho con todo esto! El quería ser inigualable, excelentísimo, quería ser rey de reyes y señor de señores. Cuando Dios no le concedió su orgulloso deseo, él quiso volver a todo el cielo en contra de Dios, y tuvo éxito con la tercera parte de los ángeles. El orgullo es fuente de gran rebelión e iniquidad. El orgullo ha atormentado a Satanás desde el principio de los tiempos *y él procurará controlar el mundo entero, a través del hombre que producirá en nuestros días*: el anticristo.

2 Tesalonicenses 2:3-12. "El cual se levanta contra todo lo que se llama Dios o es objeto de culto" (2:4). Aquí está el endiosamiento del *yo*, un hombre que atrae *toda* la atención y adoración hacia él mismo. Satanás habitará en este hombre y recibirá adoración para sí mismo. Esto es lo que procura el orgullo: algo para mí (1 R.1:5; Hch. 20:30; Jer. 45:5).

EL ORGULLO es una concentración del YO (mis deseos, mi manera, mis ideas, lo que yo quiero... y saca a Dios del trono.) El orgullo resiste y rechaza a Dios y la voluntad de Dios con el fin de exaltar al **yo** en su lugar. El orgullo está en la raíz de todo pecado porque desplaza a Dios y coloca al Yo sobre el trono. El mayor problema del hombre es este: "Yo soy mi propio jefe, yo gobierno mi vida, no Dios". Como nuestro Padre y Creador, Dios desea ser consultado y tener participación en todo lo que hagamos (Lc. 4:4; Is. 50:4), pero el orgullo le dice a Dios: *"¡Sal de mi vida, yo soy el que mando, el que hago el programa, no tú!"* (Romanos 1:18-32 es un desplazamiento de Dios.)

EL ORGULLO no tolera ser *contrariado*. El orgullo se ofende y se siente insultado con mucha facilidad, lo que desata otras pasiones viles como resentimiento y amargura. El orgullo es la *fuente* de la mayoría de los tormentos. Esta es la razón por la cual ningún método avanzado de tratamientos (psicología, psiquiatría, etc.), tiene soluciones duraderas, porque ignoran la mayor enfermedad del hombre: Un ego inflado, egocéntrico y voraz, ¡Orgullo! ¡El orgullo no le permite al hombre reposar! Jesús estaba libre del tormento emocional porque conquistó el orgullo. El dijo, "Soy manso y humilde de corazón." Le dice a su futura esposa que aprenda de El, y así encontraremos reposo para nuestras almas (Mt.11:29). La humildad es la clave para la liberación en los corazones de los hombres. Pero Satanás y todos aquellos que estén llenos de orgullo no tendrán paz. Job 1:6-12, sugiere que Satanás continuamente está atormentado y sin reposo. Ocupado en "recorrer la tierra y andar por ella". El orgullo y la ausencia de paz van de la mano.

NO TENEMOS RAZON PARA SER ORGULLOSOS PORQUE:

- **Fuimos creados por otro.** Vinimos como niños desvalidos y no tuvimos decisión en el asunto. Nosotros no escogimos ser hombre o mujer, fuerte o débil. (Sal.100:3, 1 Co. 6:19-20; Job 38:4).
- **Tenemos una naturaleza pecaminosa que no podemos cambiar** (Jer.13:23; Sal. 39:5; Is. 64:6). Si hay algo justo en nosotros, vino de Dios. Nada bueno sale de nosotros si no es de Dios (Ro. 7:18-21).
- **No tenemos habilidad o poder alguno salvo el que Dios nos da.** Toda habilidad física, mental o espiritual, viene de Dios (Dt. 8:18; 1 Co. 4:7; Stg. 1:17; Jn. 3:27). El hombre no tiene habilidad *en sí mismo* para hacer nada.
- **No podemos controlar nuestro destino o guiarnos a nosotros mismos** (Jer.10:23; Stg. 4:13-16; Ec. 8:8). El hombre no puede controlar lo que traerá el mañana, tampoco se entiende a sí mismo, ni tiene las respuestas a sus verdaderas necesidades. No puede hacer cosa alguna sin la ayuda de Dios.

Así que cuando el hombre es orgulloso, está **engañado**. El Apóstol Pablo nos exhorta a no pensar de nosotros mismos más alto de lo debido, y a no ser sabios en nuestra propia opinión. El problema está en lo que estamos *pensando*. Por naturaleza tenemos una mente altiva (Ro. 12:2, 3, 16; Pr. 23:4, Abd. 1:3; Gá. 6:3; 1 Co. 8:2).

EL FRUTO DEL ORGULLO

Debido a que existen diversas formas de orgullo, algunas de las siguientes pueden o no aplicarse a nosotros

INTRODUCCION: El orgullo está en el fondo de la mayoría de los problemas del hombre. Cuando un hombre sufre y lucha con una atadura o tormento de alguna clase, decirle que su problema es el **orgullo o el yo**, puede ser frustrante, a menos que se le explique cómo esto es posible. Lo que sigue es un intento para lograrlo. Claro está que no todas las ataduras y tormentos se originan del orgullo, algunos problemas pueden ser heredados. Otros pueden estar allí por haber sido rechazados en la niñez, o por algún otro trauma. Esos factores no pueden ser ignorados, pero estoy convencido de que *además de* estos complejos y a una baja estima de sí mismo, *el orgullo, el egocentrismo y* un *corazón duro* (malas respuestas a causa del orgullo), ayudan a atar al ser humano.

UNA PERSONA ORGULLOSA ES UNA PERSONA DEBIL POR LAS SIGUIENTES RAZONES:

EL ORGULLO es un sentimiento absorbente acerca de la propia grandeza e importancia. Debido a esto una persona orgullosa fácilmente se ofende y se siente herida cuando no se le trata como ella cree que *merece*. No controla sus emociones y por lo mismo es débil.

EL ORGULLO es el deseo de estar a la cabeza, de ser incomparable, único y pasar sobre otros para obtener lo deseado. Aquí otra vez la persona orgullosa es manejada por otra fuerza y no está controlando sus emociones. El rey Salomón cayó en la trampa del orgullo y su vida mental estaba constantemente ocupada en lo inigualable e incomparable que él era (Ec.1:16).

EL ORGULLO hace que el hombre trate de *aparentar* ser algo que no es. El orgullo por lo tanto nos hace falsos e hipócritas. Pero la humildad produce sinceridad interna y transparencia.

EL ORGULLO debido a que nos hace tratar de aparentar lo que no somos, nos coloca bajo una tensión indebida. *Cuando se está tenso, también se está agotado.* Así que el orgullo nos consume emocionalmente y es el responsable de nuestro agotamiento y crisis nerviosas. La humildad nos liberta para que nos relajemos, seamos nosotros mismos y nos aceptemos como somos. La humildad produce una notable paz y tranquilidad interior.

EL ORGULLO nos hace tener una alta opinión de nosotros mismos y ver inferiores a otros y sus opiniones. El orgullo puede ser muy descortés, mientras que una muestra de grandeza es la habilidad de recibir de otros, cualquiera que sea su nivel. El orgullo definitivamente *empequeñece* al ser humano.

EL ORGULLO es pretencioso y cree que tiene todas las respuestas, lo cual no es cierto. Debido al orgullo, la gente no escucha a otros, por lo tanto el orgullo es falta de sabiduría.

EL ORGULLO hace que el hombre albergue ideas muy elevadas de sí mismo e induce a muchos a vivir en un mundo de sueños. "¡Nadie es tan grande como yo!" o "¡Soy la respuesta a los problemas del mundo!" (Gá. 6:3; Abd. 1:3).

EL ORGULLO puede estar en el fondo de la timidez o vergüenza. Una persona tímida no se expondrá a ser vulnerable y con mucho cuidado se protegerá a sí misma. "¡Qué horrible si me equivoco, qué tremendo si me critican, se van a dar cuenta de cómo soy, me van a humillar!" El orgullo es la raíz de ciertos temores. El orgullo protege arduamente al Yo. Jesús nuestro Capitán, fue humilde, *vulnerable* y estuvo dispuesto a verse como un fracaso.

EL ORGULLO busca lo suyo propio y anhela la alabanza de los hombres. El orgullo lucha por tener un gran *nombre*, título propio y gran popularidad. El orgullo ama la publicidad y desea ser el centro de atención, y le preocupa más la opinión de los demás que la de Dios (Jn. 5:44). El orgullo utiliza retóricas y palabras elevadas que la gente ordinaria desconoce y ni sabe pronunciar, con el fin de exaltarse a sí mismo y sonar superior. Satanás es un intelectual complicado y así son los cristianos orgullosos (2 Co.11:3). Jesús utilizó las palabras más simples y sencillas cuando enseñaba. Jesús nunca pretendió obtener una reputación *terrenal* (Fil. 2:5-8).

EL ORGULLO es la razón de una disposición violenta. La gente orgullosa tiene terribles arranques de cólera debido a que su ego es muy sensible y no consiguen lo que quieren. Con la ira viene la amargura, el resentimiento y muchos otros males.

EL ORGULLO es la razón principal de la falta de paz. Muchos conflictos cesan cuando el orgullo ha sido purgado.

EL ORGULLO es uno de los factores que más contribuyen a los desórdenes mentales y emocionales. El orgullo atormenta y destroza al hombre, consume y vacía su alma y cuerpo de toda energía. El orgulloso (Satanás) está distorsionado mental y emocionalmente debido a su gran orgullo. La humanidad también está perturbada mental y emocionalmente a causa de la vileza de su orgullo.

EL ORGULLO se resiente ante la corrección o la sugerencia con la actitud de "Yo sé lo que estoy haciendo, nadie me tiene que decir lo que debo hacer, dése cuenta con quién está hablando". Pero Proverbios 1:5 dice: "El entendido adquirirá consejo".

EL ORGULLO hace muy difícil decir: "¡Estaba equivocado, lo siento!" (Lv. 26:40-41). El orgullo justifica los errores y equivocaciones para proteger al Yo. Una señal de fuerza y nobleza es reconocer que somos humanos y que cometemos errores, pero una persona orgullosa es débil y necesita vindicarse a sí misma y quiere tener siempre la última palabra. Job encontró fallas en Dios, pero ninguna en él, y se hizo más justo que Dios. Job dijo que prefería *morir* antes que cambiar de parecer (Job 27:2-6; 35:2).

EL ORGULLO no olvida una ofensa. ¡La humildad la deja pasar! "Honra [del hombre] es pasar por alto la ofensa". (Pr.19:11). Una persona orgullosa exige vindicación y "justicia" para sí misma. El orgullo demanda una disculpa por pequeñas ofensas y a la vez, hace muy difícil que el ofensor pida perdón.

EL ORGULLO hace difícil el perdonar. el orgullo reflexiona en las ofensas y habla extensamente de ellas. "¡Me duele!" y hace saber a todos lo sucedido.

EL ORGULLO está tan centrado en el *Yo*, que es supersensible a sus propias heridas, pero muy insensible a las heridas de otros y no se da cuenta cuando hiere a otros (Uno puede herir a otro y ser insensible, diciéndole: "A ti no te importa").

EL ORGULLO es la fuente de la rebelión, desafío y venganza. Satanás en su orgullo quería estar a la cabeza y cuando no logró sus propósitos, se volvió desafiante y vengativo. Desde entonces él ha hecho todo lo posible para apartar de Dios a todos los habitantes del cielo y de la tierra. El orgullo ha hecho a Satanás locamente celoso de todas las posiciones de liderazgo. El socava la autoridad a todo nivel. El es el autor y promotor de todos los *movimientos de liberación* de hoy en día.

EL ORGULLO es independiente e insensible con actitudes como esta: "Yo no te necesito a ti, ni a nadie más. Yo puedo hacerlo a mi manera, conmigo basta y sobra; nadie me dice a mí lo que debo hacer." (1 Co.10:12; Pr.18:12). La humildad dice: "¡Por favor ayúdeme, no tengo todas las respuestas, en realidad necesito sus consejos y sus oraciones no lo lograría si no fuera por usted!"

EL ORGULLO hace al hombre complicado y muy técnico. Los hombres con humildad están libres de luchas y contiendas. La humildad sosiega las guerras y luchas internas. *Rendirse* es la palabra clave para la paz. La paz llenará nuestras almas al someternos a Dios y apreciar y escuchar a nuestros hermanos en Cristo (Pr.13:10; Stg. 4:6-10).

EL ORGULLO causa que uno endurezca su corazón. Un corazón orgulloso es duro y lleno de pleito y resistencia. Faraón endureció su corazón vez tras vez (Ex. 8:15). Pídale a Dios que le dé un corazón de carne, un corazón que no se resista. Recuerde que un corazón duro se opone a Dios y a su gracia (Stg. 4:6; 1 P. 5:5-6; Pr. 3:34; Sal.138:6; 2 Cr. 36:11-13).

EL ORGULLO trae engaño (Abd. 1:3). *La soberbia de tu corazón te ha engañado*. El engaño crece en un corazón orgulloso. Cada religión falsa es un producto del orgullo. Sus fundadores desean tener una nueva idea que a nadie se le ha ocurrido antes. (El orgullo de ser original.) El orgullo hace pensar al hombre que puede hacerlo mejor que todos los demás, incluyendo a Dios. "Profesando ser sabios y se hicieron necios" (Ro.1:21-22; Gá. 6:3; Ro.12:3; 1 Co. 8:2).

EL ORGULLO es una de las razones principales por la que una persona no puede llevarse bien con los demás. Por el orgullo la gente *no puede afrontar* las situaciones de la vida. El orgullo no puede manejar las ofensas, y no puede soportar que se le contradiga. "No puedo más, voy a volverme loco"; a menudo es dicho por personas que no logran sus caprichos.

Satanás no pudo salirse con la suya y desde hace mucho tiempo él ha venido *atormentándose* con malos sentimientos. Pero las personas que han experimentado la humildad genuina son capaces de manejar las situaciones. ¡Su espíritu es libre!

EL ORGULLO es la razón principal de las discusiones y debates (Pr.13:10). *Unicamente* por el orgullo viene la contienda. Los hombres sabios son flexibles, gentiles, razonables y capaces de respetar los deseos y puntos de vista de otros sin comprometer sus convicciones.

EL ORGULLO es la razón por la cual no podemos quebrantarnos delante de nuestros hermanos y delante de Dios. Para algunos, quebrantarse delante de Dios o delante de los hermanos es una señal de debilidad, pero esto no es cierto. La persona débil es aquella que se ha endurecido. A causa del orgullo Zedequías rehusó escuchar la palabra de Dios y rendirse a ella. El tuvo miedo de ensuciar su reputación. Su orgullo causó que Jerusalén fuera quemada y sus hijos sacrificados (lea Jer. 38:17-23, 2 Cr. 36:11-13).

EL ORGULLO es la razón principal de la desunión. Por naturaleza, el hombre busca promoverse a sí mismo y a sus ideas: "Porque todos buscan lo suyo propio [intereses], no lo que es Cristo Jesús" (Fil. 2:21). En una ocasión Dios habló a cierta iglesia y le dijo: "En el *lugar bajo* hay unidad donde ustedes pueden estimar a otros más que a sí mismos" (Fil. 2:3; Ro.12:10). ¿Podemos ver cómo la unidad es promovida por la humildad? "¿Cuánta unidad hay en nuestro matrimonio?"

EL ORGULLO es la razón por la que la gente cree ser mejor que otros (Dt.17:20). El orgullo es también la razón de jactarse y fanfarronear (Jer. 9:23-24). El orgullo (que es el engaño) hace pensar a la gente que son extraordinarios y únicos, tal vez por su éxito, algún don especial o talento. Pero... ¿por qué hemos de mirar a otros por encima del hombro? Todo lo que poseemos nos ha sido dado por Dios (Jn. 3:27; 1Co. 4:7; Dt. 8:17-18). Aun el apóstol Pablo era vulnerable al orgullo, a pesar de ser lleno del Espíritu y haber tenido la experiencia de *morir al pecado* (Compare Ro. 6:6 con 2 Co. 12:7.)

EL ORGULLO resiste la Palabra de Dios y está pronto a decir que otros están *"fuera de orden"* o son *"falsos"* (Jer. 43:2). Los orgullosos acusaron a Jeremías de profetizar falsedad. El orgullo, por lo tanto, destruye el discernimiento. *La iluminación* es fruto de la humildad (Mt.11:25).

EL ORGULLO hace a la persona creerse infalible. El engaño y las falsas ideas vienen del orgullo. El orgullo trae el pecado de la presunción. He oído a personas decir que nunca han cometido errores con sus dones espirituales (profecía o palabra de conocimiento). ¡Pero esto es engaño y orgullo! Nuestra actitud debería ser: "Es tan fácil para mi mente y mis emociones distorsionar lo que tú tratas de decirme, por favor gobierna mi ser, te necesito en cada momento Señor" (Jn. 5:19, 30).

EL ORGULLO es lo opuesto al amor. El amor es totalmente desinteresado (1 Co. 13). Pero el orgullo busca sus propios intereses. "¿Qué hay para mí aquí?" El orgullo sólo piensa en sí mismo. ¡YO! Si el orgullo es lo opuesto al amor, entonces el orgullo también genera el odio.

EL ORGULLO es un enemigo de Dios, el orgullo resiste a Dios. El orgullo desafía a Dios y a su voluntad. El orgullo es independiente y se aparta de Dios. El orgullo y la dureza de corazón van de la mano. Siempre que alguno *endurece* su corazón, es porque tiene un corazón *orgulloso*. Dios odia el orgullo y nosotros también debemos odiarlo (Pr. 6:16-17; 8:13; 1 Jn. 2:16-17). Dios no puede bendecir un corazón orgulloso y duro. El dolor y el sufrimiento tienen el propósito de destruir el orgullo y la dureza, para que así Dios pueda bendecirnos.

EL ORGULLO *no* nos permite vencer a Satanás, Satanás es muy orgulloso. Si somos como él y actuamos como él, no tenemos poder alguno sobre él. La humildad y ser como el Cordero es la clave para tener autoridad sobre el orgulloso [Satanás]. Cuando un creyente o predicador comienza a jactarse *se aparta* de la cobertura de Dios, Satanás lo atrapa y el hombre cae. Elías se burló, pero aún quedaba una reina por vencer. Satanás obró a través de esta mujer para amedrentar a Elías, y hacerlo huir (1 R.18:27; 19:1-3; Pr.16:18; 18:12; 29:23) Lea Santiago 4:6.

¿EXISTE ALGUNA DUDA DEL PORQUE DIOS RESISTE A LOS SOBERBIOS? ¡EL ORGULLO RESISTE A DIOS!

EL ORGULLO (En resumen)

✽ Busca lo suyo.

✽ Mira por encima de los hombros a los demás y desdeña sus opiniones.

✽ Es áspero y cínico. Hace al hombre creerse algo que no es.

✽ Coloca a una persona bajo presión indebida mientras está tratando de aparentar lo que no es.

✽ Tiene un sentido abrumador de su propia importancia y grandeza.

✽ Desea estar a la cabeza, y pasará sobre otros con tal de lograrlo.

✽ Resiste la corrección y las sugerencias; por lo tanto, es falto de sabiduría.

* Presume de tener las respuestas cuando no las tiene.

* Busca la alabanza humana, un nombre, un título y publicidad.

* Se las da de intelectual, utiliza palabras rebuscadas y complicadas para inflar su ego.

* Es la razón de tener una disposición violenta. Es susceptible y fácilmente se ofende.

* Está en el fondo de muchos desórdenes mentales y emocionales y aun pueden llevar al suicidio.

* No admite faltas y fracasos. No puede decir: "Lo siento, me equivoqué".

* Siempre está contrariado acerca de algo. Es la razón principal de la falta de paz.

* Hace a las personas muy sensibles a sus propios sentimientos, pero insensibles a los ajenos.

* Sumerge a las personas en un mundo de ensueño y de pensamientos irreales de sí mismo.

* Se exalta a sí mismo. Desea ser distinguido, inigualable, excelente y único.

* Es la raíz de cierta clase de temores y vergüenzas. No se expone a ser vulnerable.

* Se atormenta. El orgullo es *la fuente* de casi todo tormento y conflicto en el alma.

* Hace al hombre, complicado, técnico y confuso, tal como Satanás.

* Generalmente es la razón principal para no desempeñarse bien en la vida y con los demás.

* Es la razón del engaño y el error (Abd.1:3).

* Nos hace creer que somos infalibles.

* Está en el fondo de la rebelión, el desafío y la venganza.

* Es independiente. Denigra a otros para exaltarse.

* Es la razón principal de las discusiones acaloradas (Pr.13:10).

* Es la causa de la desunión. "En el lugar bajo existe la unidad."

* Es la razón por la que una persona no se quebranta o rinde a Dios o a otros.

* Es la razón principal por la que no nos llevamos bien con los demás, especialmente en el hogar y el matrimonio.

* Es la razón principal por la cual se endurece el corazón. El orgullo acaricia las heridas, resiste y se opone a Dios y a otros.

* Es la razón por la cual el hombre se jacta, hace alarde, ostenta y cree ser mejor que los demás.

* Se opone a la Palabra del Señor y rápidamente puede aseverar que los demás están *fuera de lugar* o son anticuados.

* Encuentra faltas rápidamente en otros con el fin de exaltarse a sí mismo.

* Es lo opuesto al amor. El orgullo por lo tanto, es una forma de odio.

* Causa que no podamos tener la victoria sobre Satanás, quien es muy orgulloso.

* **EL ORGULLO ES NUESTRO MAYOR PROBLEMA.**

• • • • •

SECRETOS PARA FORTALECERNOS

¡JESUS FUE EL HOMBRE MAS FUERTE QUE JAMAS HAYA EXISTIDO!
¡LOS SECRETOS DE SU FORTALEZA PUEDEN SER NUESTROS TAMBIEN!

Los judíos esperaban un Mesías que los liberara del yugo romano, los liberara de sus opresores y sometiera a sus enemigos. Pero Cristo vino a tratar con otra clase de enemigos, enemigos *mucho mayores* que éstos. El vino a derrotar a las fuerzas invisibles que promueven gobiernos perversos y motivan a los hombres caídos. Y también vino a domar y vencer la naturaleza caída que el hombre nunca podría conquistar. Cristo vino a derrotar al gran arcángel (Satanás) y a todos sus demonios y ángeles caídos. Y vino a derrotar el pecado y la naturaleza pecaminosa; esto requirió una fortaleza *increíble*.

Las batallas espirituales requieren con mucho, la mayor fortaleza de todas; fortaleza contra las presiones de la mente, contra el pecado, las dudas, los temores, las tentaciones y Satanás. Déjeme ilustrarlo: Satanás estaba lleno de orgullo; para vencer el orgullo y al más orgulloso se requería de humildad y humillación totales. Satanás era voluntarioso. Para derrotar al voluntarioso se necesitaba **uno** que pudiera decir de todo corazón: "No se haga mi voluntad, sino la tuya". Para vencer la amargura y el resentimiento, alguien tuvo que sufrir tremendas injusticias y aun responder diciendo: "Padre, perdónalos". Para derrotar la autoconmiseración, se necesitaba un hombre que pudiera decir: "No lloréis por mí, sino llorad por vosotras mismas y por vuestros hijos".

Jesús venció a Satanás en todos los puntos. El despojó a Satanás y a los espíritus inmundos de su poder, por *la forma* en que El vivió y murió (Col. 2:15). Jesús murió como un cordero perfecto, sin amargura, sin odio, sin orgullo, sin venganza, sin conmiseración propia, sin egoísmo. Pero recuerde, *no* fue el hecho de que Jesús murió lo que venció a Satanás. La forma en que él murió fue lo que derrotó a Satanás. Como hombre Jesús derrotó la vieja naturaleza pecaminosa humana porque El nunca cedió (o se rindió) al pecado. (Lea Ro. 8:3; He. 4:15; 2:14.) Cristo ha ganado completamente la victoria para el hombre, pero ahora el hombre debe confiar totalmente en Cristo para ganar esta victoria total. Cristo anhela que sepamos los secretos de su fuerza y victoria a través de Su gracia disponible (2 Ti. 2:1).

JESUS FUE EL HOMBRE MAS FUERTE QUE JAMAS HAYA EXISTIDO, PORQUE:

* **Jesús fue el más humilde.** La humildad produce una paz interior muy grande. Satanás no puede estremecer a un hombre lleno de paz (Ro.16:20).

* **Jesús tuvo más abundancia de gracia.** El estaba *lleno* de gracia y de verdad debido a su humildad (Jn.1:14; Stg. 4:6; Pr. 3:34).

* **Jesús fue el más sabio.** El tenía la perspectiva divina de las personas y situaciones. El supo cómo responder (Lc. 2:52).

* **Jesús más dispuesto a servir.** No tenía *voluntad propia* que vencer. El fue obediente hasta la muerte. (Mr. 10:42-45; Fil. 2:8).

* **Jesús fue el más desinteresado.** El dio sin esperar nada a cambio (el amor es totalmente sin egoísmo) (Lc.17:7-10).

* **Jesús fue el más semejante a un cordero.** No tuvo represalias, desagravios, ni amarguras y entregó las injusticias a su Padre (1 P. 2:23).

* **Jesús fue el más dependiente** Las personas dependientes de Dios, son fortalecidas por Dios y no fracasan (Jn. 5:19; 5:30).

* **Jesús fue el más ungido.** El amaba la justicia y aborrecía la maldad y fue el ungido del Salmo 45:7.

SATAN	JESUS
(Orgullo)	*(Humildad)*
Tormento	Paz
Odio	Amor
Un señor	Un siervo
Voluntarioso	Voluntad rendida
Ofendido-duro	Quebrantado-tierno
Vengativo-amargado	Un dulce cordero
Egocéntrico	Centrado en otros

5 AFIRMACIONES DEL EGO	**5 DESPOJAMIENTOS**
(Is. 14:12-14)	**(Fil. 2:5-8)**
Yo voy a ascender al cielo	Se hizo a sí mismo sin reputación
Yo voy a exaltar mi trono	Tomó forma de siervo
Yo me sentaré sobre el monte	Se hizo como hombre ordinario
yo ascenderé sobre las nubes	Se humilló a sí mismo
Yo seré como el Altísimo	Obediente hasta la muerte y muerte de cruz

LLEGANDO A SER UN SIERVO
(La clave para vencer el Yo)

La *grandeza* estaba en la mente de los discípulos, así como lo está en la mente de muchos hoy en día (Mr. 10:42-45; 9:33-37). Los discípulos pensaban en la grandeza en términos naturales. Ellos le preguntaron: "¿Señor, quién es el mayor en el reino de Dios?" Jesús les dio algunas respuestas inesperadas y utilizó *dos* cosas para ilustrar la grandeza; El dijo:

"¡Humíllese como un *niño*!" "¡Hágase el *siervo* de todos!"

El concepto de ser un siervo se menosprecia en nuestra sociedad. Al trabajador promedio no le agrada verse a sí mismo como un siervo con respecto a su patrón. La mayoría de los gerentes no desean ser siervos de sus empleados. Los oficiales de los sindicatos no quieren ser siervos de la clase gerencial. Mucha gente de color ha luchado por ser reconocida, no quieren ser empleados domésticos o tener un trabajo subordinado. Ellos preferirían ser maestros, doctores, abogados o administradores. Esta es la realidad en la mayoría de las personas. Pero el concepto de *servir* generalmente es visto con desdén en el mundo.

La mayoría de las personas en el mundo desean una posición, un título, un gran nombre, una mansión, un automóvil lujoso, un siervo y alguien que los atienda. Sin embargo, Jesús dijo que esto es exactamente lo opuesto a la grandeza en Su reino. *"Aquel que desee ser grande, será el siervo de todos."* Los políticos, periodistas, y también algunos ministros, que se supone sean los siervos del público, en muchos casos son vistos como celebridades, obtienen jugosos ingresos y son casi inaccesibles.

¡La historia nos relata (así como lo hace la Palabra de Dios) que los más grandes son aquellos que más sirven. Albert Schweitzer fue un músico, compositor, teólogo y doctor en medicina. Abandonó su amada tierra natal para ir al Africa y dedicarse *a servir directamente a la humanidad*. Gastó toda su vida aliviando la miseria de la humanidad caída. Albert Schweitzer es considerado como uno de los más grandes hombres de su época. La Madre Teresa de la India, asimismo, que ha dedicado su vida para ayudar a los que sufren, es considerada como una de las mujeres más grandes de nuestro tiempo. J. Hudson Taylor y muchos otros como él, fueron grandes siervos y siendo grandes siervos, fueron grandes hombres.

Aun en el mundo secular, inventores como Edison, Ford y otros se hicieron grandes al buscar servir a la humanidad con sus invenciones. Henry Ford, por ejemplo, deseaba proveer transporte barato al hombre común, y cuanto más sirvió, más grande se hizo. Thomas Edison deseaba servir a los demás con los aparatos eléctricos de uso doméstico que inventó y cuanto más sirvió, más creció.

Los japoneses tienen la *mentalidad de siervos* y por ello son bendecidos (cualquier parte de la Palabra de Dios que es obedecida trae bendición, ya sea obedecida por un pecador o por un santo). Los gerentes están programados para ser siervos de sus trabajadores. En humildad ellos les dicen a sus empleados: "Estamos juntos en esto, somos un equipo, ¡Por favor, ayúdennos! No lo sabemos todo, por favor, dennos sugerencias y ayúdennos a hacer un mejor trabajo". Debido a esta actitud, el trabajador promedio en las líneas de automóviles en el Japón proporciona entre 18 y 19 sugerencias por año y cerca del 80% son utilizadas. ¡Pero en los Estados Unidos no es así! Debido a la mentalidad de siervos, los japoneses están sobrepasando a los orgullosos americanos en su industria automovilística. En 1980 por ejemplo, los Estados Unidos fue sobrepasado por el Japón en la producción total de automóviles.

La gerencia americana no ha podido tomar la actitud de siervos y ni siquiera tolera las sugerencias, ni las promueve. Ni siquiera desea escuchar nuevas ideas o aprender o ser enseñados. La actitud de un siervo, enseñable y humilde, no existe en nuestra sociedad. ¡En su lugar reina el orgullo! "Esta es la forma en que lo hacemos, sabemos lo que estamos haciendo, tómelo o déjelo." Debido a esto, el trabajador promedio en la industria automovilística apenas ofrece alrededor de dos sugerencias al año, y sólo la mitad de las mismas son utilizadas. Lo que los Estados Unidos necesita son gerentes que sean siervos de sus empleados.

* Los párrafos anteriores fueron tomados en su mayoría del presidente de la CBN, Pat Robertson.

Un conocido hombre de negocios aprendió a ser un siervo, pero lo aprendió tarde en su vida, cuando estaba a las puertas de la muerte. John D. Rockefeller se hizo millonario *monopolizando* la temprana industria del petróleo en Estados Unidos. Rockefeller no era un siervo, era un miserable. Pero con todo y su fortuna se enfermó gravemente, a la edad de 50 años estaba a punto de morir. La apretada mano del Sr. Rockefeller se abrió y empezó a dar sus millones a los hospitales, escuelas y otras causas dignas. Algo notable comenzó a suceder en su cuerpo y en su alma, su salud empezó a ser recuperada. Es más, se repuso tanto que pudo alcanzar la avanzada edad de 98 años. ¡La bendición de Isaías 58:7-8, se hizo realidad en su vida! Al convertirse en un **siervo** de otros, en lugar de un atesorador, una metamorfosis tomó lugar en su alma. La sanidad en su alma sanó su cuerpo (Pr. 4:20-22; 11:24-25).

LA CLAVE PARA LA ARMONIA EN EL MATRIMONIO

La clave para llevarse bien con su pareja matrimonial (y con todos en general), y la clave para ganar la victoria sobre la vida egocéntrica es desarrollar un corazón de *siervo*. Jesús fue el siervo más grande de todos los tiempos y El estaba totalmente libre de egoísmo (El amor genuino no es egoísta; 1 Co.13:4-7.) Era fácil llevarse bien con Jesús, nunca estaba enojado, no era quisquilloso, ni se ofendía fácilmente. Jesús no era exigente ni jamás insistió en imponer su voluntad y modo. Jesús era comprensivo y perdonaba, no guardaba amargura. Un siervo no tiene luchas con estas enfermedades del corazón. ¡Tratemos de entender por qué!

EL EGOISMO es la razón principal por la cual las personas no se llevan bien con los demás. Un siervo sin embargo, es lo opuesto al egoísmo; está preocupado por el bienestar de otros, no en el suyo propio. En casi todo matrimonio que fracasa, la raíz del problema ha sido la ausencia de un corazón de siervo, en otras palabras: *egoísmo*. El matrimonio no funciona hasta que un hombre y una mujer aprenden a ser siervos. Un matrimonio no puede crecer hasta que los dos estén creciendo *espiritualmente* y llegando a ser como el Cristo que fue desinteresado. Por lo tanto, busque a Dios para tener una *relación de crecimiento* en su matrimonio. ¡Busque tener un corazón de siervo!

¡ESCUCHE LAS PALABRAS DEL SEÑOR JESUCRISTO,
EL SIERVO MAS GRANDE DE TODOS LOS TIEMPOS!

(Negarse a sí mismo está en el corazón del cristianismo. ¡Note cuán generoso y dadivoso es Cristo!)

* "Más bienaventurado es dar que recibir" (Hch. 20:35). "No lloréis por mí" (Lc. 23:28).

* "Porque el Hijo del Hombre no vino para ser servido, sino para servir, y para dar su vida en rescate por muchos" (Mr.10:45).

* "Porque he descendido del cielo, no para hacer mi voluntad, sino la voluntad del que me envió" (Jn. 6:38).

* "No se haga mi voluntad, sino la tuya" (Mt. 26:39, Lc. 22:42).

* " Por eso me ama el Padre, porque yo pongo mi vida" (Jn. 10:17).

* "Todo el que pierda su vida por causa de mí, la hallará" (Mt. 16:24-25).

* "Padre, perdónalos, porque no saben lo que hacen" (Lc. 23:34). (Pidiendo piedad para los perseguidores.)

* "Os he dicho que yo soy; pues si me buscáis a mí, dejad ir a éstos" (Jn. 18:8). (Protegiendo a sus discípulos.)

* "Después dijo al discípulo: "He aquí tu madre" (Jn. 19:27). (Pidiéndole a Juan que cuidara de su madre.) Jesús pensaba constantemente en otros, aun cuando estaba muriendo en la cruz, El pensó en el bienestar de su madre.

No hace mucho tiempo una encuesta (en el mundo secular) demostró que las personas más felices son aquellas que toman su tiempo para ayudar y cuidar a otros. La misma encuesta mostró que la gente egoísta (personas que solamente están viendo para ellos mismos y sin el más mínimo deseo de tener inconveniencias por otros) casi *nunca* son felices. Y la paradoja es que las personas egoístas son las que están *tratando hasta más no poder* de ser felices. **El orden divino** *primero* **es: "Dad** y se os dará" (Lc. 6:38).

EL SINDROME DEL *YO*

* ¡Has fallado en llenar MIS necesidades y expectativas!

* ¡No has satisfecho ni a MI, ni MIS deseos!

* ¡Eres indiferente a MI, no te importo!

* Tengo que pensar en MI felicidad

* Yo me debo a mí mismo. Yo merezco lo mejor.

* ¡Tengo mis derechos. No tengo que aguantar esto!

* ¡Ya no puedo más, me voy!

Nada de esto se encuentra en el corazón de un siervo, él está más consciente de las necesidades de otros que de las propias.

La esencia del cristianismo es la negación de nosotros mismos y de nuestra voluntad (Ro.15:1-3).

ACTITUDES DE EGOISMO- ¡Atiéndeme, cuídame, reconoce mis necesidades, confórtame... YO,YO, YO! Uno debería hacerse esta pregunta: ¿Cuán sensible he sido a las necesidades de mi pareja? ¿He tratado de comprenderla y confortar y suplir *sus* necesidades (Mt. 7:12)? Aquí está la *actitud* de un cónyuge egoísta: "Me casé para que todas MIS necesidades fueran satisfechas. No has satisfecho MIS necesidades. ¡Te dejo! Esto es típico del amor del mundo. ¡Te amaré siempre y cuando me mantengas feliz, si no es así, renuncio!"

DESARROLLLAR EL CORAZON DE SIERVO ES LA CLAVE PARA:

- Llevarnos bien con nuestra pareja.
- Llevarnos bien con los demás.
- Ganar la victoria sobre el YO.
- Tener la presencia del Señor.
- Tener salud mental, emocional y espiritual.
- Llegar a ser como el Señor.

Jesús es siervo de siervos. Jesús camina con los que son como él. Camina con el humilde, porque él es humilde.

CARACTERISTICAS DE UN SIERVO

1.) **UN SIERVO** no es egoísta, es alguien que se dedica al bienestar y necesidades de otros. Uno que no está únicamente pensando en su propia vida e intereses, pero que vive para servir a otros. Por lo tanto, un siervo tampoco tiene voluntad propia. La actitud de nuestro Señor Jesucristo, el mayor siervo de todos los tiempos fue: "No mi voluntad." No fue la actitud: "Llena mis necesidades o agrádame a mí," sino: "Yo vine para servir y para dar mi vida en rescate por muchos" (Mr.10:45).

2.) **UN SIERVO** no es orgulloso, y posee humildad. Por lo tanto un siervo no se ofende ni se enoja fácilmente. Como hemos dicho repetidas veces, las personas con egos muy grandes son terriblemente malgeniosos. Las personas humildes tienen disposiciones dulces y no son *complicadas*, ni se están sintiendo heridas siempre. Por lo tanto un siervo tiene paz. Un siervo no tiene una opinión muy elevada de sí mismo, así que no se enoja cuando no es *reconocido* (Ro.12:3; Col. 3:22-24). El está disponible para ayudar y preservar el honor de Aquel a quien él sirve. Jesús era "manso y humilde de corazón," y tenía reposo en su alma. El verdadero siervo es manso y humilde y también tiene reposo en su alma. Ver Mateo 11:28-29.

3.) **UN SIERVO** no demanda derechos iguales ni aboga por ellos, Jesús nunca insistió en que se le hiciera justicia, ni esperaba que alguien estuviera pendiente de El, que llenara sus necesidades o le prestara atención. En vez de esto, su actitud era: "Bienaventurados los pobres en espíritu", que literalmente quiere decir: "¡Bienaventurados aquellos que no tienen absolutamente nada!" (Mt. 5:3). Un verdadero siervo es pobre en espíritu y no insiste en defender sus derechos, ni cree que merece *igualdad* o algo mejor. ¿Ha notado que las personas que siempre demandan sus derechos nunca son felices? Este es el camino del mundo y es una violación de las leyes del reino de Dios. Unicamente los pobres en espíritu tienen realidad de la vida del reino (paz, justicia y gozo en el Espíritu Santo). Unicamente el siervo tiene este contentamiento.

4.) **UN SIERVO** tiene gozo. Aquellos que sirven, los *dadores* son los que poseen el verdadero gozo. Jesús es un siervo, El tiene gran gozo. El da su gozo a verdaderos siervos (Jn. 15:11; Pr. 11:24). Los hombres que acumulan para sí, llegan a tener pobreza de espíritu. El gozo es para los *siervos*, para los *dadores*. El gozo está reservado para todos aquellos que hacen la voluntad de Dios, no la propia (Mt. 25:21, 23).

5.) **UN SIERVO** no es independiente. No tiene esta actitud: "A mí nadie me dice lo que tengo que hacer. YO no te necesito a ti, ni a NADIE, YO me las puedo arreglar SOLO." Un siervo no responde irresponsablemente: "¡Yo no tengo por qué soportar esto!" Existen muchas cosas en la vida que tenemos que sobrellevar. Pablo dijo: "*Todo lo soporto por amor de los escogidos*" (2 Ti. 2:10). Pablo pudo sobrellevar los retrasos, desacuerdos, críticas y algunas malas miradas. Cuando la vida se pone dura, un verdadero siervo se mantiene fiel y continúa en su lugar. Un verdadero siervo está allí para servir, no para ver de qué se aprovecha. En 1 Corintios 9:19, Pablo dice: "Me he hecho siervo de todos para ganar a mayor número". Pablo está diciendo: "Sobrellevo las inconveniencias, me adapto a los hombres y me rindo a los deseos de otros, para que algunos lleguen a ser salvos." ¿Podremos ser ganadores de almas sin ser siervos?

6.) **UN SIERVO** es uno que no tiene reputación que defender. Un siervo no tiene espíritu de competencia. El busca fortalecer y animar a sus hermanos en todo lugar, manteniéndose contento al estar fuera del cuadro. Jesús nunca quiso tener una reputación mundana (Fil. 2:6-8). Nunca trató de ganar un gran nombre para sí. ¡Desafortunadamente, algunos predicadores lo hacen! El Señor nunca luchó con problemas de identidad o de individualidad. Su identidad estaba en OTRO, Su Padre. La verdadera identidad llega cuando la encontramos en Dios. La identidad se descubre a medida que nos volvemos siervos y cuando reconocemos que fuimos hechos para otro (Ap. 4:11).

Un siervo es *real*, no está aparentando ser o poniéndose una máscara. Jesús enseñó que al perder nuestras vidas (nuestra identidad e individualidad), entonces la encontraríamos (Mt.16:25). También en el matrimonio necesitamos perder nuestra identidad y estar dispuestos a moldearnos en una sola identidad con nuestra pareja.

DIOS CAMINA CON SIERVOS. ¡EL MISMO ES UN SIERVO!

7.) **UN SIERVO** hará más de lo que son sus obligaciones sin esperar un *"gracias"* o que se le devuelva algo a cambio. Jesús nos enseña a que llevemos la carga una milla más y que después no pensemos que hemos hecho algo extraordinario. Practicar los preceptos de Lucas 17:7-10, aleja la amargura de nuestro corazón. Mucho depende de nuestra *perspectiva y respuesta* a las circunstancias. Habrá ocasiones en la vida cuando no se nos den las gracias, ni seamos recompensados, apreciados o reconocidos por todo el duro trabajo, aun por otros cristianos y aquellos que están sobre nosotros en el Señor. Ganaremos una poderosa victoria al adoptar la actitud de Colosenses 3:22-24 que dice así: *"Yo no trabajo para los hombres, todo lo que hice lo hice para el Señor y El me recompensará."* Y recuerde que "Tu Padre que ve en lo secreto te recompensará en público" (Mt. 6:4, 6, 18). Asegúrese de trabajar para el Señor y no para el hombre.

8.) UN SIERVO es uno que posee la presencia de Dios (Is. 57:15). Dios *mora* con aquellos que son de corazón humilde y contrito; aquellos que poseen el espíritu de siervo. Dios camina con el siervo humilde pues Dios es también un siervo. Un **siervo** alcanza lo más alto en el reino de los cielos (Mt. 20: 26-28). Todo aquel que sigue las pisadas del Maestro llegará a ser como un siervo, y siendo como un siervo, será grande en Sus ojos.

* **El verdadero corazón del cristianismo es la negación del Yo y no hacer mi voluntad.**
Por amor debemos servirnos los unos a los otros; Gálatas 5:13.
Aun Cristo no se agradó a sí mismo; Romanos 15:1-3.

RESUMEN

UN SIERVO ES:	UN NIÑO ES:
Desinteresado	Confiado
Dedicado a otros, no a sí mismo	Acepta
Sin voluntad propia	Sin sospecha
Humilde, no se ofende fácilmente	No se desvía, se rinde
De una dulce disposición	Creyente
Sin complicaciones, tiene paz	No desafía
No necesita reconocimiento	No está endurecido por el pecado
No demanda atención	Enseñable, sumiso
No demanda derechos iguales	Mente abierta
No insiste en algo mejor	Hambriento por aprender
Tiene el gozo de dar y servir	Flexible
Tiene contentamiento	No es pretencioso
No es independiente, pero es responsable	Es real, genuino
Sobrelleva las inconveniencias	Cándido
No tiene reputación que defender	Sin prejuicios
Se ajusta a otros, no difiere	Sin malicia
No tiene espíritu competitivo	Con motivos puros
Pierde su vida (identidad)	No coloca a la gente en clases
Camina la segunda milla	Sin complicaciones
Dispuesto a permanecer fuera del cuadro	Simple
Poseedor de la presencia de Dios	No contradice
Es el más grande en el Reino de Dios	Es el más grande en el Reino de Dios

El espíritu de un niño y el espíritu de **un siervo** tienen una cosa en común. Ambos poseen la cualidad de la *humildad*. Dios resiste al soberbio pero da gracia al humilde. Por lo tanto, *el siervo* y *el que es como niño* reciben abundancia de gracia y se convierten en los más grandes en el reino de los cielos. Estos serán los más cercanos a Jesús en el cielo, y son las cualidades que debemos buscar y obtener de aquí en adelante. Para llegar a ser la novia de Cristo, necesitamos tener un espíritu de niño y de siervo. Cristo posee ambos en su vida y El busca a aquellos que están deseosos de ser compatibles con El.

HACIENDONOS COMO NIÑOS
(Otra clave para la grandeza)

Cada vez que Jesús habló de la grandeza, apuntó hacia una sola cosa: ¡Humildad! Y El utilizó dos lecciones objetivas para ilustrar la humildad. Usó a **un niño** y a **un siervo**. Ambos tienen la cualidad de la humildad, y por lo tanto, de la grandeza. A Jesús le preguntaron "¿Quién es el mayor en el reino de los cielos?" Su inesperada respuesta fue: "Quien se humille a sí mismo como un niño ese será el mayor en el reino de los cielos". (No queremos decir el ser aniñado, sino tener las cualidades de un niño, lea 1 Corintios 14:20).

Un niño posee tres cualidades primordiales que necesitamos tener a fin de sobresalir en el reino de Dios. Un niño es:

CONFIADO	ENSEÑABLE	SIN PRETENCIONES

CONFIADO - La tendencia es que a medida que envejecemos, nos hacemos desconfiados. Perdemos esa cualidad de ser niños. Un niño no tiene sospechas, razonamientos, ni preguntas. El simplemente acepta lo que se le dice. El confía implícitamente en su madre para que le dé como alimento lo que es bueno. Un niño no tiene temores preconcebidos de ser envenenado. Perdemos la cualidad de la confianza debido a que la vida nos ha endurecido, por el orgullo y por el pecado. No somos capaces de amar apropiadamente si no confiamos. Dios desea restaurar esta cualidad de ser como niñitos para que confiemos en El (Pr. 3:5-6).

ENSEÑABLE - Un niño tiene un inmenso apetito y capacidad para aprender. El presidente de la CBN, Pat Robertson, ha dicho que un niño entre la edad de cuatro y cinco años puede aprender y absorber más que un estudiante adulto que ha estudiando 4 años en la universidad. Un niño tiene una mente abierta, inquisitiva y desea aprender mucho (Pr. 2:1-10). Es moldeable, interesado y está experimentando todo el tiempo. La apertura de espíritu es una gran capacidad que Dios puede usar si se utiliza correctamente. Dios puede hacer muy poco con las mentes cerradas y endurecidas. *El hambre* de la Palabra de Dios es recibida a medida que pasamos tiempo esperando en el Señor, en Su presencia. El hambre es un don divino de la gracia. ¡Sólo Dios puede plantarla! Nuestra parte es esperar en El y orar: "¡Señor atráeme!" (Cnt.1:4).

SIN PRETENSIONES - (Real). Un niño es él mismo. No trata de ponerse una máscara. A un niño le agrada usted porque es usted. No hace acepción de personas, no le importa qué posición poseen. No tiene prejuicios, acepta a las personas por lo que son, no por lo que podría obtener de ellas. Un niño no es tímido en cierto sentido, porque manifiesta lo que está en su mente sin doblez.

Como adultos tenemos la tendencia de tratar de *aparentar* ser algo. Nos programamos para ser duros, parecer triunfantes, aparentar que lo tenemos todo muy bien y controlado y que no tenemos debilidades. El cine ayuda a promover esto. ¡Pero esto es falso! La gente joven aparenta estar bien llevando cierta clase de ropa, hablando de cierta manera. Pero esto no es más que ponerse una máscara y hacer un papel. Ninguno que usa una máscara o representa un papel es verdaderamente grande. Los niños son tal como son, son **reales** (Parte de este mensaje fue tomado de las palabras de Pat Robertson, Presidente de CBN).

"Si no os convertís y os hacéis como niños"(Mt. 18: 3). ¡El verdadero cristianismo requiere que seamos reales! Estar en la luz demanda honestidad, admitir que tenemos debilidades y que no lo podemos hacer todo por nosotros mismos. No hay entrada al cielo, sin la fe de un niño, hasta que uno acepte el mensaje simple del evangelio, que Cristo murió por nuestro perdón. Pero tampoco puede haber ningún *crecimiento* en nuestra vida cristiana, sin *continuar* humillándonos como un niño. "El que se humilla será ensalzado." Esta misma es la razón por la cual, por la misericordia de Dios, El permite que tengamos crisis o problemas que no podemos resolver por nuestra cuenta, para que nos tengamos que humillar y pedirles ayuda a Dios y a otros. Humillarnos nos abre la puerta para una nueva vida cambiada y que la **gracia** redentora sea vertida en nuestras vidas.

Las cualidades de aquellos que son grandes en el reino de Dios se encuentran en **siervos** y **niños**. Llegar a ser como un niño y hacerse un siervo son las claves para vencer la vida egocéntrica. Por naturaleza no somos como niños, somos pretenciosos. Por naturaleza no somos siervos, somos *señores* que rigen sus propias vidas.

"Sed como niños en la malicia, pero maduros en el modo de pensar"(1 Co. 14:20). Los niños no han sido endurecidos por el orgullo o por el pecado. Debemos regresar otra vez a ser como niños, y genuinos.

Página

LA NECESIDAD DE UNA MENTE RENOVADA

(Romanos 8:6-7). Nuestra mente natural es un enemigo de Dios. Siempre se opone a lo que Dios está diciendo. Isaías 55:8-9 nos dice que nuestros *pensamientos* no son los de Dios, por lo tanto nuestros *caminos* tampoco son los de El. La mente natural es un *centro* de los problemas del hombre. ¡Las naciones del mundo actúan como lo hacen por la manera en que PIENSAN! Así que, para que Dios pueda revolucionar a un individuo o a una nación, primero tiene que cambiar sus mentes. A medida que Dios renueve y cambie nuestras mentes, seremos transformados. Romanos 12:2 es un verso clave para la vida.

> **Nuestra mente necesita ser cambiada:**
> - Acerca de cómo vemos a otros.
> - Acerca de cómo nos vemos a nosotros mismos.
> - Acerca de cómo vemos al Señor.
> - Acerca de cómo vemos las situaciones de la vida.

> A menudo el propósito de una prueba es para suavizarnos y hacernos ver algo que no podíamos ver antes. ¡Cuando empecemos a VER, seremos transformados! (Job 42:1-6)

LA CLAVE: Una mente renovada cambia nuestra naturaleza. Las actitudes y las disposiciones cambian cuando Dios logra hacernos ver algo que no podíamos ver antes. Que Dios abra nuestros ojos.

Pablo dice que estamos peleando contra nuestras *imaginaciones* (razonamientos), y luego nos dice que cada *pensamiento* debe ser traído a sujeción. La batalla es contra lo que estamos *pensando* (2 Co.10:4-5).

Casi todos nuestros problemas se remontan a una *idea* que fue sembrada en nuestros corazones. A través de los años esa semilla creció y una mentalidad se desarrolló. Muchas ataduras espirituales son producto del crecimiento de ideas incorrectas que fueron sembradas en nosotros, las cuales ahora están produciendo el fruto incorrecto (Mt. 15:3; 3:10). Una idea puede ser un *espíritu*. Las ideas tienen un poder espiritual tremendo y pueden controlarnos y controlar la manera en que vivimos.

Cuando vea a un hombre con una conducta peculiar o un estilo de vida raro, puede estar seguro de que viene de algo peculiar que él está *pensando*. La mente natural es embaucada y engañada, pero la Palabra de Dios es LUZ, y esta luz *revela* y *destruye* a nuestros enemigos (Sal.119:130). Satanás tiene fortalezas en nuestras vidas donde él está *bien escondido*, pero cuando es expuesto se da por vencido y se va corriendo. La sabiduría de la Palabra de Dios puede, sorprendentemente, lavar nuestra suciedad e ignorancia (Ef. 5:26-27). Pidámosle a Dios que nos lave con el agua pura de Su Palabra.

> **Lo que creemos es importante porque:**
> - Una idea hace que vivamos de cierta manera, desarrolla un estilo de vida.
> - Produce fruto en nuestras vidas - ya sea el punto del Espíritu o las obras de la carne.
> - Una idea nos lleva a algún lado - ya sea a los propósitos de Dios o lejos de ellos.
> - Afectará nuestra eternidad.
> - Así que es tonto decir: "No importa lo que tú creas, siempre y cuando nos amemos los unos a los otros".

¡Las PALABRAS son importantes! Son más que sonidos o inflecciones. Las palabras son *espíritu* y hay un tremendo poder espiritual dado a la lengua; para bien o para mal. Jesús dijo en Juan 6:63: "Las palabras que yo os he hablado son *espíritu* y son *vida*". Y en Juan 15:3: "Ya vosotros estáis *limpios* por las palabras que os he hablado". Las palabras dan forma a nuestra vida y carácter. Las palabras pueden traernos vida o muerte, porque son espíritu (Pr.18:21).

"Y su palabra *carcomerá* como gangrena" (2 Ti. 2:17). Las malas palabras son cancerosas a nuestro espíritu y nos separan de Dios, Eva fue infectada y se desvió de los caminos de Dios. Si las buenas palabras pueden hacernos limpios (Jn.15:3) y traernos vida (Jn. 6:63), a la inversa las malas palabras pueden ensuciarnos y darnos muerte, depende de a *quién* escuchemos. Satanás arruinó a Eva con su lengua (2 Co.11:3). Recuerde, el poder de la serpiente está en su *lengua*.

Las personas ACTUAN mal porque PIENSAN mal. "Porque cual es su pensamiento en su corazón, tal es él" (Pr. 23:7). Las naciones del mundo viven erróneamente porque su *pensamiento* está torcido y es perverso. Pero no subestimemos el poder del evangelio de la luz para vencer los oscuros poderes espirituales que nublan la mente del hombre (Jn.1:5; Sal.119:130).

> Que el Señor nos libre de todo espíritu que controla nuestras mentes y por lo tanto nos controla a nosotros.

PROBLEMAS CON NUESTRA MENTE HUMANA

"Porque mis pensamientos no son vuestros pensamientos" Isaías 55:8-9

> • Podemos estar viviendo en otro mundo debido a lo que estamos pensando. Nociones, engaños e imaginaciones pueden causar que un creyente viva en un mundo de sueños y esté lejos de la realidad. Pídale a Dios que le muestre la *fuente* espiritual de lo que le está guiando y dirigiendo. El centro del sistema nervioso del hombre está localizado en la mente. A medida que Dios va renovando nuestras mentes, *patrones de pensamientos, emociones, nervios, movimientos, gestos y estilos* serán transformados para ser como los de Cristo. Dios desea hacernos majestuosos y hermosos para con El. Intenta con su redención ir *mucho más* profundo que sólo perdonar nuestros pecados. El renovará cada una de nuestras partes: espíritu, alma, cuerpo y mente.

1.) Imaginaciones (Imaginar que algo es verdad cuando no lo es; 2 Co.10:4-5). Las personas sufren *mucho* por lo que imaginan (temores por lo que podría pasarles en el futuro, temores por lo que otros están diciendo o pensando, etc.). Jacob estaba deprimido y gimió por veintidós años por la muerte de su amado José. José no estaba muerto; contrariamente a lo que Jacob *imaginaba*, José estaba en Egipto siendo preparado para ser un gobernante mundial (Gn. 37:32-36). Números 5:14b, nos habla de un espíritu de celos que vino a un hombre porque *imaginó* que su esposa le era infiel cuando no lo era. Las imaginaciones invitan al enemigo a entrar. Satanás jugará con cualquier debilidad que pueda encontrar. Pídale a Dios gracia para vencer las imaginaciones.

2.) Tratar de figurárselo ("¿Por qué?, ¿Cuándo?, ¿Dónde?, ¿Cómo?). Confíe su futuro, sus sentimientos y las cosas que le dejan perplejo a Dios. Puede frustrarse innecesariamente cuando trata de analizar con su mente cómo Dios va a desarrollar Su plan para su vida. Proverbios 23:4 [versión antigua], nos manda a poner fin a nuestra propia sabiduría. La clave es CONFIAR en el Señor con todo nuestro corazón y no apoyarnos en nuestro propio entendimiento (Pr. 3:5-6). Cuando pensamos que tenemos todo planeado, es el tiempo de descartarlo todo, porque Dios tiene un plan totalmente diferente en mente. Cuando José tenía 17 años, Dios le mostró por medio de un sueño que él tendría autoridad sobre sus hermanos (Gn. 37). Sin embargo, los detalles eran muy escasos. Dios no le mostró *cuándo, dónde, ni cómo*. Si Dios le hubiera dado todos los detalles, lo hubiera destruido. Confiemos en que Dios nos muestre sólo lo que *necesitamos* saber. La clave es *confiar, no analizar*.

El hombre tiene un gran problema con una mente analítica porque suele hacer sus propios planes y decisiones independientemente de Dios. Cuando un hombre se convierte en cristiano, lleva consigo el ímpetu. El nuevo creyente no está acostumbrado a confiar en otro para tomar decisiones, hacer planes y determinar su futuro, por lo tanto confía en su mente natural. La clave es aprender a confiar en otro, en Dios.

3.) Ceguera mental (Podemos tener un problema y no saberlo.) Todos tenemos puntos ciegos. El problema es que no notamos *dónde* estamos ciegos. "Todo *camino del hombre* es recto en su propia opinión" (Pr. 21:2). Todos piensan que tienen razón y que su caminar es recto. Todos los hombres en la Biblia tuvieron un problema en su vida porque en algo estaban ciegos.

Jacobo y Juan no entendían "de qué espíritu eran" (Lc. 9:54-55). Levítico 4:2-3 menciona a un sacerdote ungido (un ministro) que estaba pecando por ignorancia, esto prueba que un líder puede estar *ungido* y aún estar ciego o en error en ciertas áreas de la verdad. Los creyentes de la iglesia de Laodicea, pensaban que *lo tenían todo*, pero Dios dijo que eran "pobres, ciegos y desnudos" (Ap. 3:17). Job fue exhortado a orar por su propia ceguera en Job 34:32. Algunos creyentes se van a sus tumbas, sin percatarse de lo que Dios estaba tratando de enseñarles. Pídale a Dios que le dé un espíritu enseñable. Dios es capaz de abrir nuestras mentes para entender. "Y les abrió la mente para que entendiesen las Escrituras" (Lc. 24:45).

4.) Meditar en cosas desagradables (pensamientos negativos, temerosos, vengativos y violentos). Nuestra mente está compuesta de tres cosas: Células cerebrales, sangre y espíritu. Así que lo que escojamos para meditar afecta nuestro cuerpo, alma y espíritu. Meditaciones malignas estimulan al sistema nervioso, glándulas y órganos, causándoles reacciones que los hacen secretar ácidos en forma excesiva en el torrente sanguíneo, lo cual puede causarnos alguna enfermedad física o espiritual. Estos malos y desagradables pensamientos deben desecharse, porque literalmente envenenan nuestro espíritu, alma y cuerpo. Aprenda a rechazar el meditar en lo malo o en lo que alguien hizo para herirle; ore por ellos. 1 Pedro 1:13 nos insta a "ceñir los lomos de nuestro entendimiento" lo cual implica que es nuestro el poder de encender y apagar los pensamientos. Pablo nos dice en qué debemos meditar (Fil. 4:8). Algunas veces no podemos ser sanados de

Victoria • Página 39

una enfermedad hasta que nosotros mismos desechemos eso que no está beneficiando nuestra alma (crítica, envidia, amargura, temor).

5.) Una mente altiva (Una mente que medita pensamientos arrogantes acerca de sí misma). Romanos 12:3 alerta al creyente en contra de pensar demasiado alto de sí mismo. La tentación de pensar que somos especiales o "extraordinarios" siempre está presente, especialmente cuando uno tiene dones o poderes especiales de Dios (2 Co.12:7; Gá. 6:3; Abd.1:3; Dt.17:18). Una mente altiva le abre la puerta a la fantasía, al error y el engaño. Pedro nos exhorta a *revestirnos de humildad* (1 Pedro 5:5). Oremos para que nuestra mente y pensamientos sean vestidos con esta cubierta de humildad.

6.) Vivir en el pasado (éxitos o fracasos). Vivir en el pasado nos impide nuestro crecimiento (Ec. 7:10). Cuando nuestras mentes siempre están pensando y recordando el *ayer*, nuestra tendencia es la de *no* buscar a Dios para un toque fresco de El hoy. Un cristiano debe vivir un constante sentido de expectación: "¡Dios tiene algo nuevo para mí *hoy!*" Nuevos encuentros y experiencias frescas con Dios son necesarios hoy. Pablo nos exhorta a olvidar las cosas que están atrás y a extendernos a lo que está por delante (Fil. 3:13-14). Los israelitas fracasaron porque ellos continuamente deseaban regresar al lugar de donde habían venido, Egipto. Los misioneros algunas veces dejan el ministerio prematuramente porque *anhelan* su tierra, pero al hacerlo pierden el plan de Dios para sus vidas (He.11:15; Pr. 4:18).

Olvide "los buenos viejos tiempos", Dios tiene algo mejor para nosotros ¡HOY! Dios también quiere que su pueblo se olvide de heridas e injusticias del pasado. Una de las más grandes marcas de madurez es la capacidad de entender que las injusticias están trabajando de nuestro lado para promovernos (Gn. 50:20). José rehusó ser absorbido por las numerosas heridas del pasado. El fue capaz de discernir y reconocer que las heridas e injusticias sólo sirven como instrumentos para acercarnos al trono. Recuerde, hay una *bendición oculta* en cada injusticia si mantenemos un espíritu correcto. También debemos pedirle a Dios gracia para *olvidar* fracasos y pecados pasados. ¡Acepte el perdón completo de Cristo! (He. 7:25). Y cese de recordarle a su compañero matrimonial sus fracasos y pecados.

7.) Depresión (Una densa niebla que opaca la mente). La depresión puede hacer que la vida parezca funesta o aun sin esperanza alguna. ¡Nuestra generación es una generación deprimida! En una ocasión Job estaba tan deprimido que dijo: "Mis ojos no volverán a ver el bien" (Job 7:7). Job pensaba que no había esperanza y que nunca sería feliz otra vez, pero...¡él estaba equivocado! Hay varias causas importantes de la depresión. La depresión era explicable en el caso de Job, él había perdido familia, negocios, y su reputación fue destruida; sus amigos le juzgaban mal y él estaba enfermo de muerte. El joven José fue acusado de un crimen del cual era inocente. Desalientos como estos tienen explicación y habrá tiempos en los tratos de Dios, en que experimentaremos desánimos y períodos de depresión. Pero hay muchas otras formas de depresión de los cuales el Espíritu Santo anhela liberarnos.

Hay una pesadez que no es de Dios, y de la cual debemos ser ¡librados! Dios desea darnos un manto de alegría en lugar de espíritu angustiado (Is. 61:3). Dios quiere que centremos nuestra atención en *El* y en lo que El está diciendo, en lugar de estarnos lamentando por las deplorables situaciones en el mundo o en la Iglesia. La depresión también está conectada a una *perspectiva errónea* de las cosas. ¡La perspectiva de Dios nos hace libres! ¡La verdad nos hace libres! Recuerde que el sol siempre está brillando, aun sobre las nubes negras de un sombrío día de lluvia. La depresión es como una nube oscura que está sobre la mente, ocultando de nosotros la luz de la presencia y gloria de Dios. Reprenda esa nube oscura, y pídale a Dios que mande su luz y que irrumpa a través de las *nubes de pesimismo*.

Agotamiento, la depresión y la tensión emocional usualmente resultan de conflictos espirituales sin resolver en el corazón, no de un horario sobrecargado. *La falta de perdón, sentimiento de culpabilidad, temores* y otras dolencias del alma, agotan las reservas de energías emocionales. Si estos se prolongan por algún tiempo habrá un severo agotamiento o un descontrol. Muchos problemas del cuerpo se originan en el alma, y se les llama psicosomáticos. Como son problemas espirituales, creo que la Iglesia debería tener las respuestas. ¡El mundo de la medicina no tiene respuestas duraderas!

El mundo de la medicina describe la depresión clínica como *"cólera suprimida e inexpresada"*. Por lo tanto, el mundo anima al hombre a ventilar su ira y a demandar sus derechos para que las presiones no se acumulen dentro de él. ¡Pero esa tampoco es la respuesta! Porque cada vez que la vieja naturaleza es ejercitada, sólo se vuelve más fuerte. Un mejor enfoque del problema es *primero* entender lo que está en el fondo de nuestra ira. La ira, por ejemplo, es encendida cuando nuestros **derechos** no han sido rendidos a Dios y algo a lo que nos aferramos ha sido tocado.

También las **expectativas** determinan tremendamente si tenemos paz o depresión. Recientemente un jugador de baseball se suicidó debido a un mal lanzamiento que hizo algunos años atrás, el cual arruinó sus esperanzas de llegar a la serie mundial. Por consiguiente, él había sufrido una depresión continua por tres años de la cual no pudo recuperarse. Esta es la razón por la que nunca debemos centrar nuestras esperanzas y expectativas en una *carrera, un negocio o una persona*; sino en cosas eternas y en Aquel, que nunca nos dejará caer (Sal. 62:5).

Conozco a una piadosa mujer que perdió ambos padres en el espacio de un año. Ella había estado muy apegada a ellos, y el dolor que sentía por la pérdida le resultaba abrumador. Durante estos asaltos de dolor y tristeza, Dios le habló y le dijo: *"No me estás glorificando, dame tus pesares, yo ya los sufrí por ti."* El Señor le dio un versículo en Isaías 53:4 que dice: "Ciertamente llevó El nuestras enfermedades y sufrió nuestros dolores". Dios se reveló a ella en una nueva manera. Cristo no sólo murió por nuestros pecados y enfermedades, sino también por nuestras *tristezas y dolores del corazón*. Como cristianos deberíamos saber que las cosas nos han sido dadas gratuitamente por Cristo -1 Co. 2:12.)

Dios no quiere que llevemos cargas o pesares innecesarios. ¡Ni siquiera luto! Cristo ha provisto medios para *librar* nuestros sentimientos y dolores del corazón para que no estemos atados a estas cadenas toda nuestra vida. Cuando la señora Audrey Bailey empezó a sentirse oprimida por la pérdida de sus seres queridos, se arrodilló en su habitación y le entregó todos sus pesares y dolores a Jesús, esto tomó algún esfuerzo y *persistencia*. Pero como lo repitió una y otra vez, la victoria fue ganada y fue completamente liberada del pesar. La verdad es que no podemos deshacernos de ninguno de nuestros sentimientos por nuestros propios esfuerzos. Siga dándoselos a Jesús y sea libre, El ya los llevó (1 P. 5:7).

Como mencionamos anteriormente, hay muchas *causas* para la depresión. Si sufre de depresión y desórdenes emocionales, yo sugiero que acuda a Dios y a hombres y mujeres ungidos de Dios para las respuestas en su vida, no a un psiquiatra. Sólo Dios sabe cuáles son nuestros verdaderos problemas. ¡El diagnóstico es difícil! Algunas veces el diagnóstico de los doctores es tentativo, pero aunque su diagnóstico es correcto, Dios y sólo Dios sabe cuál es la única y verdadera solución. Sólo El tiene las respuestas y quiere mostrarnos qué hacer. A continuación hay algunas directrices generales para obtener la victoria sobre la depresión.

ALGUNAS AYUDAS PARA VENCER LA DEPRESION

• **Perdón** - Los disgustos y enojos agotan nuestras emociones y sistema nervioso y pueden causar depresión. El perdón literalmente nos salva del abismo de la depresión. El perdón debe convertise en la esencia misma de nuestra naturaleza; como lo es de la de Dios. La base misma del cristianismo es el perdón. ¿Dónde estaríamos si Dios no nos hubiera perdonado? El perdón sin embargo, no es un sentimiento, es un acto de la voluntad. No obstante debemos descansar totalmente en la gracia de Dios (que nos capacite) para poder perdonar. ¡Oremos mucho por ello!

• **Expectativas** - No ponga sus esperanzas en las cosas temporales o se decepcionará y puede que sea devastado. Conozca la Palabra de Dios a fin de saber dónde fijar sus esperanzas y expectativas.

• **Humildad-** La humildad libera al hombre de la depresión. La humildad guarda al hombre de endurecer su corazón y amargarse. La humildad y un espíritu quebrantado también nos libran de ser demasiado sensibles. Cuando el endurecimiento y el resentimiento son sanados, otras cosas se irán... junto con la depresión.

• **Nuevas promesas** - Todos necesitan algo nuevo en que poner sus esperanzas. La esperanza nos hace ver más allá de nuestra circunstancia presente. Una vez Elías estaba tan deprimido, que no bastó una visitación de ángeles para consolarlo (1 R.19:4-8). Lo único que podría rescatarlo del desaliento era una *nueva visión*. Dios lo mandó al monte de Dios para hablarle. Cuando David estaba desanimado él se animaba en el Señor (1 S. 30:6).

• **Confesiones correctas** (Ap.12:11). Satanás es vencido por la palabra de nuestro testimonio. Nunca repita lo que el enemigo le está diciendo y nunca se ponga de acuerdo con él, o lo fortalecerá en contra de usted. El desánimo es el resultado directo de ponerse de acuerdo con el enemigo en vez de ponerse de acuerdo con Dios. Así que siempre adhiérase a lo que Dios esté diciendo acerca de su situación.

• **Gratitud** - La gratitud convierte un desastre en victoria. Cuando somos agradecidos, tenemos victoria. Recuerde, no merecemos lo que ya tenemos y nunca debemos sentir que merecemos algo más o algo *mejor*. Un hombre agradecido mantiene su espíritu libre de depresión. La depresión crece en el que no está conforme con sus circunstancias.

- **Derechos rendidos** - Si la depresión es *enojo suprimido*, y si el enojo es el resultado de derechos violados, entonces la clave para obtener la victoria es rendir nuestros derechos y preferencias a Dios. Entreguémosle a Dios nuestros derechos: nuestro hogar, nuestro automóvil, nuestra ropa, nuestro futuro y aun el derecho de ser entendidos. Lo que rendimos a Dios se convierte en su responsabilidad.
- **Gozo** - El gozo purifica y sana nuestra alma; y es nuestra fortaleza (Neh. 8:10; Pr.17:22). Si la depresión es causada por la ausencia de gozo, entonces un nuevo bautismo de gozo es el remedio para la depresión. El gozo limpia el corazón de heridas, resentimiento y otros malos sentimientos. El gozo es un fruto del Espíritu (Gá. 5:22-23) y *crece* mientras caminamos con el Señor.
- **Liberación** - La depresión, como la mayoría de otros problemas emocionales, es usualmente el resultado de responder en la forma incorrecta a una herida. La depresión y ser propenso a la depresión pueden ser debilidades heredadas. No importa cuál sea la causa o causas contribuyentes, puede haber una atadura grande y fuerte que solamente un *acto de liberación* de Dios puede romper. Había un joven en un servicio de liberación, que tenía un poderoso espíritu de depresión que lo afligía. Dios describió a este espíritu de aflicción en una visión que dio a varios ministros. El espíritu de depresión era como un imponente roble que había crecido a través de los años en este hombre. Se había hecho cada vez más grande y más fuerte. Cada vez que este hombre y otros oraban en contra de esta depresión, era como si leñadores estuvieran dándole hachazos al tronco de este gran árbol. Ahora estaba listo para caer. Todos los ministros empezaron a orar y le dieron los últimos golpes. ¡El árbol se vino abajo! La depresión empezó a perder su dominio y el hombre empezó a recuperarse.

"Y ya también el hacha está puesta a la raíz de los árboles; por tanto, todo árbol que no da buen fruto es cortado y echado en el fuego" (Mt. 3:10; 15:13). Hay algunos retoños que han crecido en nuestro interior, los cuales tienen que ser cortados por medio de la oración y la Palabra de Dios. Estos árboles y retoños son muy reales, no son simbólicos. Aunque un *"árbol"* haya sido cortado o haya habido una liberación, todavía hay un tronco que puede retoñar. La pregunta entonces es: "¿Qué clima y condiciones permitieron que este árbol creciera tan bien?" ¿Por qué estaba éste árbol allí? Así que aun después de una liberación, si la tendencia (o raíces) del problema no es remediada, volverá a crecer. Dados el clima y alimento adecuado, volverá a crecer. Así que Dios debe continuar tratando con las raíces en nuestro corazón.

CUESTIONARIO DE REPASO
(Páginas 26-42)

43.) ¿Dónde comenzó el ataque en contra de la autoridad y la demanda de derechos imparciales? _____

44.) Satanás quiere gobernar el mundo ¿A través de quién tratará de gobernar el mundo en nuestra generación? _____

45.) El orgullo es la raíz de todo pecado porque: _____

46.) ¿Por qué ninguno de los más avanzados métodos actuales para tratar problemas emocionales es efectivo? _____

47.) Escriba cuatro razones principales que muestran que no tenemos derecho de ser orgullosos.
_____
_____

48.) ¿Es el orgullo la raíz de todas las ataduras y de todos los temores? _____

49.) Un hombre orgulloso es un hombre muy fuerte. Un hombre humilde es un hombre débil.
¿VERDADERO o FALSO?

50.) El orgullo hace que las personas pretendan ser algo que no son, por tanto, el orgullo pone al hombre bajo una presión innecesaria o excesiva, que lo puede llevar a la depresión o al agotamiento. **¿VERDADERO o FALSO?**

51.) ¿Cómo puede el orgullo estar en el fondo de la timidez? _____

52.) El orgullo trae tinieblas y engaño al corazón del hombre. ¿Qué versículo dice: "La soberbia de tu corazón te ha engañado"? _____

53.) ¿Qué proverbio muestra que la raíz de la disputa y la contienda es el orgullo? _____

54.) Aun el apóstol Pablo, que era un hombre lleno del Espíritu Santo y además estaba crucificado con Cristo, era vulnerable al orgullo, y por eso tenía que cuidar su corazón diariamente. ¿En qué versículo Pablo testifica que él era capaz de "exaltarse desmedidamente"? _____

55.) Satanás es orgulloso. Los cristianos orgullosos tienen poca autoridad sobre Satanás si actúan como él. **¿VERDADERO o FALSO?**

56.) ¿Por qué Dios resiste al orgulloso? _____

57.) Las batallas espirituales requieren de más fuerza, resistencia, intensidad y poder que cualquier otra batalla. Cristo vino a conquistar enemigos mucho más poderosos que el malvado gobierno romano. Cristo totalmente venció dos cosas principales, ¿cuáles fueron? _____

58.) No es el hecho de que Cristo murió, es la forma como murió lo que destruyó a Satanás. **¿VERDADERO o FALSO?**

59.) Jesús fue el hombre más fuerte que jamás haya existido, por lo menos por ocho razones. Enumérelas. _____

60.) Según las enseñanzas de Cristo, la grandeza es valorada por la humildad. ¿Cuáles fueron las dos ilustraciones que Jesús utilizó para enseñar la humildad? _____

61.) Un cambio en el alma, a menudo trae sanidad al cuerpo. **¿VERDADERO o FALSO?**

62.) Un matrimonio no puede crecer hasta que la pareja crezca espiritualmente, rindiéndose al Señor, sin egoísmos. Crecer espiritualmente significa que el fruto del Espíritu es desarrollado en nuestro corazón. **¿VERDADERO o FALSO?**

63.) ¿Cuál es la razón principal por la que los matrimonios fracasan, y por la cual las personas no se llevan bien con otros? _____ Pero en contraste, ¿cuál es el principal atributo de un siervo? _____

64.) Una de las paradojas de la vida es que las personas egoístas, que tratan de hacer todo lo posible para ser felices, son las más infelices del mundo. Pero aquellos que están dispuestos a servir a otros, son las personas más felices. **¿VERDADERO o FALSO?**

65.) Jesús es el siervo más grande de todos los tiempos. ¿Con quiénes desea El caminar? _____

66.) Demandar igualdad de derechos es la manera del mundo. Es lo opuesto a ser pobres en espíritu, y nos impide alcanzar las bendiciones de la vida del reino (justicia, paz y gozo en el Espíritu Santo). **¿VERDADERO O FALSO?**

67.) De acuerdo con sus notas, ¿cuál es el corazón mismo del cristianismo? _____

68.) ¿Cuáles son las tres cualidades más deseables y más importantes que un niño tiene, y que todos necesitamos para poder sobresalir en el reino de Dios? _____

69.) Conforme crecemos, nuestra tendencia es aparentar algo que no somos, representar un papel y pretender que no tenemos debilidades. **¿VERDADERO o FALSO?**

70.) ¿Cuál de las siguientes expresiones es la verdadera? a.) Dios nos ha dado una mente, debemos utilizarla en toda su capacidad. b.) Nuestra mente, fuera de la renovación y el cambio que Dios puede darle, es un enemigo porque se opone a lo que Dios piensa y dice. _____

71.) ¿Cuáles son las cuatro áreas en las cuales nuestra mente necesita ser cambiada? _____

72.) Una mente renovada puede cambiar nuestra actitud, y aun nuestra naturaleza. **¿VERDADERO o FALSO?**

73.) Lo que creemos es importante por lo menos por cuatro razones. Enumérelas. _____

Victoria • **Página 43**

74.) Satanás puede tener una fortaleza y dominio en nuestra vida, donde él está bien escondido. Pero cuando la luz de la Palabra de Dios lo expone, él pierde su poder y huye. ¿VERDADERO o FALSO?

75.) Las personas actúan incorrectamente porque _____ incorrectamente. Un individuo o una nación no cambia hasta que su manera de pensar cambia. ¿VERDADERO o FALSO?

76.) Cuando Dios renueva nuestra mente, ¿qué otra cosa dentro de nosotros es transformada, para ser como Cristo? _____

77.) Si Dios le hubiera dado a José más detalles, le hubiera sido más fácil atravesar su prueba en Egipto. ¿VERDADERO o FALSO?

78.) Dios nos mostrará lo que necesitamos saber en Su tiempo. La clave es confiar en El. ¿VERDADERO o FALSO?

79.) Cada hombre de la Biblia tenía un problema: porque _____

80.) Meditar en las cosas equivocadas puede enfermarnos. ¿VERDADERO o FALSO? Algunas veces un hombre no puede ser sanado hasta que cambie radicalmente ciertas cosas de su alma que lo enferman. ¿VERDADERO o FALSO?

81.) ¡Vivir en el pasado puede impedir nuestro crecimiento espiritual! Cuando nuestra mente siempre recuerda el ayer, ¿cuál es la tendencia? _____

82.) El agotamiento y la depresión usualmente no son ocasionados por el trabajo excesivo. Más a menudo son resultados de: _____

83.) El mundo médico describe la depresión clínica como "ira reprimida, no expresada". Por tanto, uno debe dejar escapar la ira, y no debe permitir que los sentimientos se acumulen. ¿VERDADERO o FALSO?

84.) La mejor manera de tratar con la ira es, primeramente, descubrir escrituralmente la raíz de nuestra ira. ¿VERDADERO o FALSO?

85.) ¿Cuál es la raíz de la ira? Escoja una de las siguientes: a.) Alguien hizo algo que no nos gustó. b.) Las injusticias que se ven en el mundo hoy. c.) Los derechos que no han sido rendidos a Dios; la falta de mansedumbre; protestar cuando nuestros derechos son violados.

86.) Hay "arbustos" en nuestro corazón que deben ser cortados (Mateo 3:10; 15:13). Aun cuando éstos son cortados, pueden crecer de nuevo si se les proporciona el clima y el cuidado adecuados. ¿VERDADERO o FALSO?

Vea las spuestas en las pág inas 99 - 101

• **Orar en el Espíritu** - Dios le ha dado a Su Iglesia un don maravilloso del que muchos creyentes tienen poco o ningún conocimiento. Dios ha dado a Su pueblo la habilidad de hablar en un lenguaje sobrenatural para comunicarse mejor con El. Este don también capacita al creyente para expresar los pesares internos y tener un escape para las frustraciones, algo que no podríamos lograr con nuestra mente humana solamente. El apóstol Pablo tenía este don, como también lo tenían todas su iglesias. Pablo dijo que orar en otras lenguas lo edificaba (1 Co.14:4, 14, 18; Ro. 8:26-27). El siguiente diagrama nos ayudará a explicar esto:

La parte de la mete que funciona conscientemente.

La parte subconsciente de la mente. Nosotros no sabemos cuán enredados estamos.

La obra del Espíritu Santo trae orden y paz, mientras El ora a través de nosotros en otras lenguas y da expresión al subconsciente (Ro. 8:26-27).

La mente

Los pensamientos conscientes son sólo una fracción del subconsciente en acción que llega a la mente. Sabemos que algo anda mal; nos sentimos frustrados, deprimidos o confusos, sin poder poner nuestro dedo en el verdadero problema.

Por orar en lenguas, el Espíritu Santo da expresión al subconsciente y como resultado trae tranquilidad de luchas internas (Ro. 8:26-27). A menudo no sabemos cómo orar, pero el Espíritu Santo ora a través de nosotros y conoce exactamente nuestras necesidades y cómo orar por ellas.

Cuando el Espíritu Santo ministra sanidad al subconsciente, la mente es limpiada del caos y de las luchas, por lo tanto, así como la enfermedad está tan influenciada por el pensamiento, es concebible que un creyente lleno del Espíritu, con el don de hablar en otras lenguas, debería estar más lejos de las preocupaciones, frustraciones y enfermedades. Así que ejercite la habilidad de hablar en lenguas y dé sanidad a su alma, espíritu, mente y cuerpo (Diagrama y exhortación por Brian J. Bailey).

8.) Conceptos erróneos - (acerca de Dios, de otros, y de nosotros mismos.) A veces personas que han llegado a ser nuestros mejores amigos, eran en un tiempo nuestros peores enemigos debido a una idea que tenían acerca de nosotros o una idea que nosotros teníamos acerca de ellos. Imaginaciones y prejuicios son cuñas que dividen a las personas. "Y a vosotros también, que erais en otro tiempo extraños y enemigos en vuestra mente, haciendo malas obras, ahora os ha reconciliado" (Col.1:21). *"Enemigos en vuestra mente."* En un tiempo todos nosotros éramos enemigos de Dios por las ideas que teníamos acerca de El. Pero cuando tuvimos una vislumbre de quién es El en verdad, nuestra mente y actitud cambiaron, y fuimos reconciliados con El.

¡TENEMOS IDEAS PRECONCEBIDAS QUE DEBEMOS VENCER!
(Acerca de Dios, de otros y de nosotros mismos)

• **Acerca de Dios** - Una razón por la cual no somos como el Señor es porque no lo vemos tal como El es (1 Jn. 3:2). ¿Cómo podemos ser conformados a la imagen del Hijo si no sabemos cómo es, o qué patrón debemos de seguir? Si nuestro concepto acerca de Dios es el de un capataz, nosotros seremos duros y nos volveremos duros con otros. Y esta mentalidad induce a que sólo veamos los pasajes donde Dios es juez, en lugar de ver otros versos que revelan su misericordia y gracia. Conceptos erróneos distorsionan el resto de las Escrituras.

• **Acerca de otros** - ¡Cuántas veces ha tenido Dios que cambiar nuestra manera de pensar acerca de otras personas! Somos duros y criticamos a otros porque no los entendemos o no los vemos como Dios los ve. Si sólo pudiéramos entender por qué las personas actúan de la forma que lo hacen, estoy seguro que seríamos mucho más tolerantes y misericordiosos con ellos. Una mente renovada cambia toda nuestra actitud y disposición. *Una mente renovada es la clave vital para una naturaleza cambiada* (Ro.12:2).

• **Acerca de nosotros mismos** - Usualmente la forma en que nosotros nos vemos es muy diferente de la forma en que Dios nos ve. Pablo oró para poder conocerse a sí mismo, tanto como Dios le conocía (1 Co.13:12). Nuestra opinión acerca de nosotros mismos no es usualmente la opinión de Dios. Nosotros nos vemos o muy arriba o muy abajo. Algunas veces un creyente está confundido y actúa de una manera equivocada porque está tratando de **ser** algo que Dios no le ha pedido que sea. Cuando tratamos de **hacer** y **ser** algo que Dios no nos ha pedido, habrá disturbios y confusión. Pídale a Dios que le muestre qué función en particular tiene en Su Cuerpo.

¡CONOZCA SUS LIMITACIONES! ¡No trate de SER todo, SABER todo, o HACER todo! Sólo somos una *parte* del cuerpo de Cristo, cada parte es importante, pero diferente. Cada uno de nosotros es llamado a ejercer una función en *particular* en Su Cuerpo y deberíamos entender juntamente con Dios, cual es la nuestra. Dios sólo nos da gracia (capacitación divina) para funcionar en el llamamiento particular que El ha escogido para nosotros. Cuando un creyente está fuera de la voluntad de Dios y de su llamamiento, no hay gracia, y fracasa miserablemente. Por ejemplo: cuando un hombre es llamado a ser evangelista y trata de ser un pastor, fracasará miserablemente.

9.) Falta de concentración - Tiene varias explicaciones: 1.) Por fatiga. 2.) Por tener demasiado en mente. 3.) Por falta de disciplina que hace que nuestra mente divague. La mente necesita descanso, aun más que el cuerpo. Asegúrese de que está obteniendo suficiente descanso y de que todas sus preocupaciones y cargas se las entrega al Señor. *¡Es espiritual cuidar de nuestra salud!* Si no cuida de su cuerpo, Satanás le atacará cuando esté débil y cansado. Algunas veces salir y hacer algo *físicamente* apartará todas las preocupaciones de su mente y le ayudará a librarse de la depresión. Salir a caminar hace que el oxígeno fresco entre a nuestro cerebro. ¡El oxígeno es vida!

Martín Lutero estaba escondido en un monasterio sufriendo por la *contradicción* de las diferencias doctrinales y religiosas. Lutero no estaba haciendo ejercicio, ni comiendo correctamente. El estaba deprimido y bajo un ataque espiritual de Satanás, estaba a punto de tener un ¡shock nervioso! (Para Lutero, reprender a Satanás no era la respuesta.) Un amigo cercano le dijo que saliera y trabajara en el jardín todos los días. Con ejercicio, aire fresco y sol, él fue capaz de desviar su mente de todas sus preocupaciones. La salud de Lutero cambió completamente - física, mental y espiritualmente. También le ayudó con un problema de estreñimiento que tenía.

Ser demasiado serio puede ser un problema especialmente para jóvenes cristianos devotos. ¡Es posible *tratar demasiado de tener nuestra mente en el Señor!* En el trabajo un cristiano debe mantener su mente en su *trabajo*, su patrón o jefe le paga para que haga su trabajo, no para estar en otro mundo. Un cristiano muy celoso que trata tan *arduamente* de mantener su mente en el Señor que no se concentra en su trabajo, ocasionará errores costosos a su jefe. ¡Hacer nuestro trabajo correctamente es ser espiritual!

Somos llamados a contraer matrimonio con el Señor. El matrimonio debe ser una relación cómoda. ¿Qué pensaría de una esposa que trata de amar a su esposo con una actitud *forzada* todo el día? Esto no edificará ni a su esposo ni a ella. Y sin embargo, es exactamente lo que ocurre cuando un creyente trata de tener al Señor en mente todo el día. ¡Esto no es natural y es agotador! Dios quiere que nuestra relación con El sea: cómoda, de confianza y fe, y no agobiante.

10.) Falta de paz - *No* es normal tener una mente atribulada. Cuando un cristiano está continuamente preocupado y ansioso, hay definitivamente un problema, y Dios quiere dar a su pueblo soluciones duraderas. El tratará con la *fuente* de lo que nos está robando la paz y el gozo (Sal. 94:12-13). Hay muchas razones para la ausencia de paz en nuestra vida; pero a menudo el problema tiene que ver con algo que no está resuelto en nuestros corazones (resentimientos, motivos impuros, incredulidad, etc.). Dios no quiere que Su pueblo viva en tormento. Este pensamiento continuará desarrollándose a través del curso.

* **Impaciencia** - "No te impacientes a causa de los malignos" (Sal. 37:1). Dios no quiere que estemos enojados o derrotados por el mal que otras personas están haciendo en nuestro centro de trabajo. Dios quiere que tengamos paz, sin importar lo que esté pasando a nuestro alrededor. David dijo: "Domina en medio de tus enemigos" (Sal.110:2).

* **Incredulidad**- No creer que Dios cuidará de nosotros. "¿Qué comeremos, o qué beberemos, o vestiremos? En las diez pruebas que Israel falló en el desierto, en su viaje hacia la tierra prometida, casi todas tuvieron que ver con la queja de que Dios no cuidaría de ellos. Jesús dijo: "Hombres de poca fe" (Mt. 6:25-34; v 30-31, Dt. 1:27).

* **Preocupaciones de la vida:** En Lucas 10:41 dice: *"Marta, Marta, afanada y turbada estás con muchas cosas"* (Lea Lc.10:38-42). Aquí tenemos una figura perfecta de las amas de casa, frustradas, impacientes y enojadas por todos los quehaceres del hogar. Según Marta, nadie estaba haciendo la parte que le correspondía en el trabajo de la casa, y nadie parecía estar agradecido por lo que ella hacía. Marta pudo haber tenido un problema; el ser *perfeccionista* con su casa. Ella necesitaba hacer un poquito de lo que su hermana María estaba haciendo, María separó el tiempo para sentarse a los pies del Maestro para escuchar Sus palabras. Pasar tiempo con el Príncipe de paz, trae paz. Marta se enfocaba en las *preocupaciones;* María en *Dios*. María tenía paz, Marta no. Con un horario lleno es bueno parar y pasar tiempo con Dios. Todo irá mejor y con calma cuando lo hagamos. Por encima de todo, debemos *aprender* a poner todas nuestras cargas en el Señor (1 P. 5:7, Is. 53:4). Muy a menudo llevamos cargas innecesarias en nuestras mentes. Entreguémosle a Jesús constantemente nuestras cargas. Recuerde, El ya las llevó consigo.

* **Gratitud:** Esta es la medicina para la queja y la amargura. Aun las catástrofes se convierten en victorias cuando empezamos a agradecer al Señor por las circunstancias en que nos encontramos. Cuando podamos agradecer al Señor en nuestras pruebas, habremos ganado la victoria.

* **Contentamiento:** Si no podemos estar contentos con lo que Dios ha provisto para nosotros ahora, no estaremos contentos cuando recibamos las cosas que creemos que nos harían felices. Por ejemplo, si no estamos agradecidos con la casa que Dios nos ha provisto ahora, cuando obtengamos una mejor, no seremos felices, y luego querremos cosas nuevas, aparatos, muebles y más y más. Espero que aprendamos que la felicidad *no* depende en cosas o circunstancias, sino en un corazón cambiado.

11.) Confusión - Una mente confundida puede ser el producto de muchas cosas. Uno puede estar confundido simplemente porque es inmaduro y no conoce la verdad. La confusión puede resultar de motivos incorrectos. Puede ser la consecuencia de estar tratando de *hacer* algo o *ser* algo que Dios nunca planeó que hiciéramos o que fuéramos. La confusión puede ser el fruto de ir con varias personas para consejo y de escuchar muchos puntos de vista conflictivos. La confusión puede ser el juicio de Dios debido a la desobediencia (Dt. 28:28-29).

La única manera de tener una mente clara y capaz de entender, es estar *totalmente rendido* a Jesús. Jesús dijo que tendremos discernimiento si estamos dispuestos a hacer la voluntad de Dios (Jn. 7:17). ¡Es un asunto del corazón! Un hombre podrá discernir entre lo bueno y lo malo cuando esté completamente rendido a Dios y a Su voluntad. Será capaz de saber si una doctrina viene de Dios o no y tendrá una mente clara. "Los de limpio corazón verán a Dios [o como Dios ve]" (Mt. 5:8). Cuando un cristiano continúa teniendo una mente turbada, es porque no está totalmente rendido a Dios.

Una mente inteligente o con un C.I. alto **no** es lo que se necesita para entender cuestiones espirituales o para conocer a Dios; tampoco es necesario estudiar hebreo o griego extensamente. El mundo (y algunos teólogos), exaltan la mente, sin embargo, no pueden ver o entender simples verdades. Por lo tanto, la clave para comprender la verdad no es tener una gran mente, sino tener un corazón consagrado. El entendimiento del hombre será oscurecido si su corazón no está consagrado a Dios (Dn. 9:13; 12:10; Dt. 29:4). El entendimiento es el don de Dios para los justos, y no todo cristiano posee esta bendición.

12.) Razonamiento humano - Nuestra mente natural es uno de nuestros mayores enemigos (Ro. 8:7; 2 Co. 10:4-5). Todo el mundo tiene *problemas mentales;* y nosotros también, aunque un cristiano tiene menos. Las naciones **actúan** de la forma que lo hacen, debido a lo que **piensan**. Dios dice: "Mis pensamientos no son vuestros pensamientos" (Is. 55:8-9). Las personas terminan en el infierno debido a las ideas, tradiciones e ilusiones falsas que prefieren creer en lugar de la verdad. La lógica y filosofía del mundo van en contra de la "la Palabra de Dios." Así que, cualquier razonamiento o idea que se oponga y contradiga la Palabra de Dios no es digna de nuestra atención (Col. 2:8; 1 Co.1:21; 3:18).

COMPARACION ENTRE LA MENTE Y EL CORAZON

Filipenses 4:7 - Necesitamos la paz de Dios en nuestros **corazones** y **mentes**. Estas son **dos** estaciones de mando. La mente es donde hay confusión, donde las materias no se entienden. Verdaderamente necesitamos paz en nuestros pensamientos. El corazón es el centro de los *afectos*; también necesitamos paz allí.

"Las meditaciones del corazón" - El corazón "piensa" en el sentido de que los motivos y afectos que hay en él, determinan nuestros pensamientos y decisiones. (Salmo 19:14).

No todo es un problema del corazón. El corazón puede tener motivos puros y sin embargo la mente puede estar mal informada e ignorante de las implicaciones. Así que es realmente posible tener un problema en la mente sin tener un problema en el corazón.

LA MENTE - Allí es donde nuestros pensamientos son procesados. La mente es donde una persona analiza, proyecta, calcula y razona. Nuestros afectos no están allí, están en el corazón. Nuestra mente meditará en cualquier cosa que esté en nuestro **corazón**. El corazón también promueve acciones que son analizadas por *la mente*. Por eso nuestros problemas van más allá de la mente, porque salen del corazón.

EL CORAZON - Es el centro de nuestro espíritu, justo la esencia de nuestro ser. Aquí es donde se hallan nuestros deseos y motivos más profundos. Lo que nosotros **adoramos** verdaderamente sale de aquí. En el corazón, el centro de nuestro espíritu, es donde están nuestros verdaderos problemas. Las decisiones lógicas que son analizadas por nuestra *mente* surgen de lo que hay en nuestro *corazón*. Lo que hay en nuestro corazón determina lo que escogemos meditar en nuestras mentes. Por lo tanto, el corazón es más profundo que la mente. El corazón es la *fuente*.

CONCLUSION: Si bien es cierto que tenemos multitud de problemas en nuestras mentes, la raíz de casi todos nuestros verdaderos problemas está en nuestro corazón. Hablar y comunicarse no siempre es la respuesta, si el corazón no es cambiado. Lo que está en nuestro **corazón** afecta directamente nuestros pensamientos y comunicación. La Escritura no dice que el divorcio es el resultado de un corazón endurecido (Mt. 19:8; Mr. 10:5). Muchas veces la razón por la cual hay poca comunicación es por un corazón que no se rinde... y que no está dispuesto a escuchar o a cambiar de punto de vista. Vemos que el verdadero problema es espiritual. La dureza del corazón es el mayor problema que tenemos y es un problema que Dios puede solucionar si estamos dispuestos a humillarnos para recibir Su gracia.

CONCEPTOS ERRONEOS QUE DIOS QUIERE CAMBIAR

(Nuestra necesidad de una mente renovada)

Romanos 12:2, Isaías 55:8

CONCEPTOS NEGATIVOS

Una idea o un *concepto* tiene poder tremendo. Es una fuerza espiritual que controla la forma en que actuamos y vivimos. ¡Una idea también nos lleva hacia algo! Ideas desordenadas y negativas producen el fruto equivocado en nosotros, y también arruinarán nuestra relación de confianza. No podemos amar apropiadamente al Señor y a otros, sin tener una relación de confianza, por eso tenemos que deshacernos de estos falsos conceptos. Abajo hay algunos ejemplos de conceptos negativos de los cuales Dios quiere limpiar nuestras mentes.

ALGUNOS CONCEPTOS ERRONEOS QUE DIOS QUIERE CAMBIAR

1. **Debido a la mala vida que tuve en el pasado, no puedo alcanzar mucho en el reino de Dios. ¡Estoy descalificado de ser un cristiano fructífero y productivo! Siempre seré de "segunda mano".**

2. **¡Lo que temo es lo que Dios me pedirá que haga! El me hará casarme con alguien a quien no amo, me enviará a algún lugar donde no quiero ir, al Africa o a la Antártica. Me dará un empleo que no toleraré, y lo que de veras deseo, seguro que Dios dirá: ¡NO!**

3. **¡No soy digno, no soy nada, no valgo nada; Dios quiere que nos odiemos a nosotros mismos!**

4. **¡No puedo hacer nada! Dios no quiere que confiemos en nosotros mismos.**

5. **¡No sé cómo Dios podría amarme!**

6. **¡No sé cómo Dios podría perdonarme!**

7. **¡Dios siempre quiere que esté en la pobreza para mantenerme humillado!**

8. **¡Dios me ha dado este espíritu de timidez y temor para evitar que me enorgullezca!**

9. **¡Dios me llevó a cometer pecados morales para que pudiera ver qué vacío era, y me volviera hacia El!**

10. **¡Con cada bendición que Dios da, siempre hay una espina!**

11. **¡Debería esperar siempre una calamidad o algo trágico para poder quebrantar mi orgullo!**

12. **¡No tomaré ninguna decisión a menos que sepa que Dios absolutamente me está guiando. ¡No quiero cometer ningún error o estar en la carne!**

13. **Mientras más oro, más respuestas obtendré. (Si oro cuatro horas obtendré cuatro horas de valiosas respuestas, pero si sólo oro una hora, solamente obtendré una hora de valiosas respuestas a mi oración.)**

14. **¡Cualquiera que no sea cristiano no tiene absolutamente nada bueno en él!**

15. **¡Agregue los suyos!**

ENUMERANDO CONCEPTOS EQUIVOCADOS
Siendo transformados por la renovación de nuestra mente

1. Dios nunca me usará por mi pasado. ¡Esto es falso! No importa el pasado, Dios quiere que todos sus *hijos e hijas*, sean fructíferos y productivos en Su reino. Esto se refiere a ¡**usted**! "En esto es glorificado mi Padre, en que llevéis mucho fruto". Juan 15:8 incluye a todo creyente, no solamente a algunos. Antes que Pablo se convirtiera, era un hombre de violencia y blasfemia, él fue el responsable del derramamiento de sangre de muchos creyentes inocentes. Después de su conversión él no sintió ninguna condenación por su vida pasada (Ro. 8:1), pero no estaba orgulloso de ella. El llegó a ser el escritor de casi todo el Nuevo Testamento. Si Pablo fue el "primero de los pecadores" de acuerdo con Primera Timoteo 1:15, y Dios de todas maneras lo usó de forma extraordinaria, entonces, seguramente, hay esperanza para cualquiera de nosotros. Cualquier cosa que usted haya hecho en el pasado, Cristo es capaz de hacerle puro y santo delante de El (Ef. 1:3-8). *¡El es capaz de salvarle perpetuamente!* (He. 7:25). Recuerde que Dios quiere que cada uno de sus creyentes sean fructíferos y esto le incluye a usted. Cuando decimos *fructíferos*, esto no sugiere que usted tenga que estar detrás de un púlpito. Hay muchas maneras de ser productivo. Pregúntele a Dios cómo puede usted glorificarlo de la mejor manera.

2. ¡Lo que no puedo tolerar es lo que Dios quiere que yo haga! Debido a los asuntos con los que batallamos dentro de nuestros corazones, y por versículos de la Escritura tales como: "En mi carne no mora el bien" o "miserable de mí", la tendencia de algunos ha sido pensar que cualquier cosa que deseen es mala, pero que todo lo repulsivo o repugnante puede ser de Dios. ¡Pero esto no es necesariamente cierto!

La verdad es que Dios a menudo nos guía a través del **deseo**. Y a menudo no se le da a esto la debida consideración. Cuando un creyente se deleita en el Señor, Dios pone deseos en su corazón, y luego se los concede (Sal. 37:4). Dios pone deseos en nuestro corazón por cierto ministerio, un país en particular al cual nos está llamando, una vocación y hasta la elección de la pareja matrimonial. Y aunque el deseo por sí mismo **no** es un método infalible para la guianza, tampoco debe ser totalmente ignorado (El problema es que nuestros deseos deben ser limpiados.)

LA HABILIDAD y EL DESEO son a menudo claves para conocer lo que Dios nos está llamando a hacer. Dos de los mayores indicadores necesarios para confirmar nuestro llamamiento, ya sea en lo secular o en lo espiritual, son *habilidad y deseo*. Dios es un buen administrador y economista. La tarea que El nos da para cumplir en nuestra vida, será algo en lo que seamos hábiles (*habilidad*) y algo en lo que nos gocemos (deseo). Dios no va a escoger algo que aborrezcamos (trabajo, lugar, pareja, etc.). Dios tiene una inversión en nosotros, y quiere que alcancemos nuestro máximo potencial y efectividad en Su reino. ¡Apliquelo en lo natural! Sería tonto, para un jefe escoger a un hombre para un trabajo para el cual no está calificado y que aborrece. Sería contraproducente para el jefe y para el empleado. Es lo mismo en el reino de Dios.

¿Cuántas veces ha escuchado a la gente decir algo así: "Yo sé que me va a mandar al Africa, porque es el último lugar en la tierra donde yo quisiera ir" O "Yo sé que Dios va hacer que me case con alguien que me odie"? Mentalidades como ésas son inmaduras y destruyen una relación de CONFIANZA. ¡Desconfiar en el Señor arruina nuestra relación con El! Esta es una gran razón por la cual las personas tienen miedo de abrir totalmente sus corazones al Señor, y una gran razón por la cual no se entregan totalmente a El. Dios quiere lidiar con estas *ideas* que nos separan de ser ¡totalmente suyos!

Su presencia estará en cualquier lugar geográfico que El escoja para nosotros, y allí seremos felices. Si Dios le llama a otro país, El puede darle una carga y un deseo de ir a ese lugar. La pareja que Dios escoja para usted, será alguien a quien podrá amar. Siempre cuestioné la *revelación* de un hombre joven que afirmó: "Dios me dijo que me casara con esta muchacha, pero no la soporto." ¡No creo que Dios le haya dicho semejante cosa! Dios mismo tiene deseo por su esposa (Is. 62:5). ¡Es bíblico tener *deseo* por la persona con quien uno se casa! No se precipite al aceptar algo que le es repulsivo. Ni crea que toda manifestación espiritual que le haga sentirse mal es de Dios, o que solamente su vieja naturaleza la rechaza; puede ser de la carne o del diablo. Pídale a Dios que le muestre si es Su Espíritu o el suyo el que está resistiendo una manifestación espiritual.

3. No soy digno, no soy nada, no valgo nada. Lo extraño acerca de estas confesiones es que en alguna manera son ciertas, pero cuando se llevan demasiado lejos resultan en error. Cualquier verdad que se lleve a un extremo resulta en error. Si bien es verdad lo que las inspiradas palabras de Pablo dicen: "En mi carne no mora el bien", cuando un creyente cae constantemente en el síndrome de *"no soy bueno"*, esto produce, por lo menos, tres cosas desagradables:

Victoria

a.) Preocupación por *uno mismo*, no por el Señor.
b.) Un enfoque en lo negativo. (Despreciarse a sí mismo nunca traerá liberación o vida).
c.) No se le da el crédito debido al Espíritu Santo por todas las cosas buenas que El ha hecho en la vida de uno.

Algunos hombres confiesan cuán **grandes** ellos creen que son, y otros cuán **despreciables** piensan que son, pero ambos tienen algo en común, ambos se preocupan por el EGO. Despreciarse a sí mismo no ayuda a nadie ¡nunca trae vida! Por eso, en vez de enfocar nuestra mirada en lo bueno o malo que creemos que somos, lo mejor es conocer bien a Cristo porque somos cambiados sólo cuando le contemplamos a El (2 Co. 3:18, 1 Jn. 3:2). Debemos pasar tiempo en Su presencia y pedirle que deposite algo de Su bondad y grandeza en nuestro corazón. *¡Señor, lo recibo de ti ahora mismo!*

NO meditemos en la oscuridad (qué horrible soy), sino en la Luz y en lo grande que El es. "Señor, estoy mirando lo tuyo en mí, y en lo que voy a llegar a ser debido a la obra de tu Espíritu en mi vida! No considere *lo que no ha llegado a ser aún*, sino vea hacia atrás y considere cuán lejos ha llegado. Concéntrese en todas las buenas cosas que Cristo ha hecho en su vida y... ¡medite en eso!

En Filemón 1:6 vemos que Pablo le dijo a Filemón que su fe podría ser comunicada de una manera mejor a otros, si comenzaba a reconocer todas las buenas cosas que había en él, por Jesucristo. Sí, Cristo ha depositado muchas cosas buenas en nuestros corazones. Estas cosas que El nos ha impartido deben ser reconocidas y confesadas. Demos al Señor crédito por todas las cosas maravillosas que El ha hecho en nuestra vida. Empecemos dándole gracias por la obra que El va a completar en nuestra vida. Lea Filipenses 1:6: *"Estando persuadido de esto, que el que comenzó en vosotros la buena obra, la perfeccionará* [completará]" (Filipenses 1:6).

¡La dignidad viene de Dios! El nos hace dignos por las poderosas obras de Su Espíritu en nuestras vidas, conforme nos rendimos a El. Aquí está la prueba: "Y andarán conmigo en vestiduras blancas, *porque son dignas.*" (Ap. 3:4). Al vestirnos el Señor con sus bellas y majestuosas vestiduras, estará dispuesto a decir de nosotros como dijo de Su esposa Jerusalén: " Por tu hermosura, que era perfecta, gracias al esplendor que yo puse en ti, declara el Señor Dios" (Ez.16:14 B. d. l A.). ¡Somos dignos porque El nos hace dignos!

Aunque es necesario que odiemos el orgullo y todas las cosas que hay en nuestra vida que no son conformes al Señor, no es saludable odiarnos a nosotros mismos o constantemente degradarnos. Cada uno de nosotros necesita un buen sentido de autoestima. No podemos amar a otros adecuadamente si no nos amamos a nosotros mismos. "Ama a tu prójimo como a *ti mismo*". Jesús fue capaz de amar a otros porque no tenía complejo de inferioridad o falta de confianza. ¡El estaba completo! No poseemos toda la naturaleza de Cristo hasta que estemos completos en El. Los sentimientos de inferioridad y complejos son parte de la Caída como lo son el orgullo y la arrogancia.

4. ¡No puedo hacer nada! De nuevo, esta frase es verdad, pero cuando la llevamos demasiado lejos se convierte en una preocupación por el EGO. Enfatiza mi *incapacidad* más que a Dios y Su gran poder. Pablo testificó con confianza, diciendo: "Todo lo puedo en Cristo que me fortalece." David declaró con fe: "Contigo desbarataré ejércitos, y con mi Dios asaltaré muros" (Fil. 4:13; Sal.18:29; 60:12).

La verdad es que Dios *quiere* que tengamos ¡confianza! Es una cosa decir: ¡Dios puede hacer cualquier cosa! Pero la pregunta crucial es: "¿Puede Dios usarme?" Necesitamos tener esa seguridad y confianza santas de que Dios puede *usarnos*. Sí, Dios es todopoderoso, pero si no creo que Dios puede *usarme*, no tendré éxito.

5. ¡No sé cómo Dios podría amarme! Expresiones como éstas suenan piadosas y humildes, pero espere un momento, esto está colocando a Dios a nuestro nivel. ¡Lo estamos haciendo parecer pequeño, como un hombre mortal! El hombre no puede encontrar amor en Sí mismo, pero Dios es mucho mayor que el hombre. ¡Dios es amor!

6. ¡No sé cómo Dios podría jamás perdonarme! Esto rebaja de nuevo a Dios al nivel del hombre. Personalmente **entiendo** cómo el Señor podría amarme y perdonarme; simplemente ¡porque *El es Dios*! Dios derramó su sangre y murió por mí, eso muestra lo importante que soy para Dios. Porque Dios es tan grande, El pudo amarme y perdonarme. Nunca debemos colocar a Dios al nivel del hombre. Acepte Su grandeza, una grandeza que ama, perdona y que nos acepta tal como somos.

7. ¡Dios quiere que sea pobre para mantenerme humilde! Muchas personas pueden manejar mejor las *dificultades* que la *prosperidad*, y sin embargo, ser pobre no tiene nada que ver con la humildad. Alguien que es pobre puede ser extremadamente orgulloso e ingrato y un hombre con muchas riquezas, puede *tener* gran humildad. El cristiano maduro es capaz de manejar tiempos de abundancia así como tiempos de necesidad. Pablo tuvo en su vida tiempos de *abundancia*, pero también *sufrió necesidades* (Fil. 4:12). No es bíblico tomar votos de pobreza. Pablo tuvo tiempos de abundancia. (Pr. 30:7-9.)

La humildad no tiene nada que ver con el dinero. La humildad es la actitud de depender de Dios y de otros. ("Necesito, tus oraciones, tus sugerencias y consejo."). Por lo tanto, un hombre rico puede ser muy humilde. Job, por ejemplo, ilustra esta verdad muy bien. Job era muy rico pero dependía de Dios en todo. Un hombre pobre, por el otro lado, puede ser muy orgulloso e independiente.

No relacione el ser *quieto o callado*, con la humildad. Alguien que es *sociable o extrovertido* no necesariamente es orgulloso, y otro que sea *quieto o callado*, no necesariamente es humilde. Puede ser todo lo contrario. El ser calmado no tiene nada que ver con la humildad. Una persona callada podría tener pensamientos de grandeza y creer que es mucho mejor que otros.

La humildad definida: Depender de Dios y de otros. Una opinión modesta de sí mismo.

La mansedumbre definida: No contender verbal o físicamente. No ser vengativo.

8. ¡Dios me dio este espíritu de temor para mantenerme lejos del orgullo! Pero esto es falso. De acuerdo con Segunda Timoteo 1:7, Dios no nos ha dado un espíritu de temor. El temor es un enemigo, nunca da vida, sólo trae ataduras. El sufrimiento da vida, el temor no. Dios tiene muchas otras maneras para mantenernos humildes. Reconozca el temor como una atadura. El temor nos impide hacer la voluntad de Dios. Busque a Dios para que le dé una liberación completa de temores y fobias. Dios tiene la respuesta necesaria para cada uno de nuestros temores. David dijo: "Busqué a Jehová, y él me oyó, y me libró de *todos* mis temores"(Sal. 34:4).

9. Dios me hizo caer en pecado de inmoralidad, para que pudiera ver qué vacío era, y me volviera hacia El. Por supuesto esto es falso. Dios no empuja a nadie al pecado. El pecado es desobediencia a Dios, y El nunca guía a nadie a esto. "Cada uno es tentado cuando de su propia concupiscencia es atraído y seducido.... Amados hermanos míos, no erréis" (Stg.1:13-16). Cuando una persona cae en pecado de inmoralidad es porque ha seguido su propio camino. Dios nunca guía a nadie al pecado. Las personas simplemente toman su propio camino hasta que se hartan de él.

10. ¡Con cada bendición, siempre hay una *espina*! Esta es una actitud de desconfianza e incredulidad. Experimentaremos tiempos difíciles en nuestra vida cristiana, pero también muchos tiempos de bendición ¡Cuando Dios bendice, puede ser muy generoso! "La bendición de Jehová es la que enriquece, *y no añade tristeza con ella*" (Pr.10:22).

11. ¡Debería de estar siempre esperando una calamidad! (Siempre esperando lo peor.) Es el concepto de algunos cristianos que creen que Dios en cualquier momento les enviará un desastre, para que tengan quebrantamiento de espíritu y piedad. Pero ésta no es la manera de vivir, pues es el camino del temor y las ataduras. Por otra parte, este concepto es totalmente falso. No espere que su bebé nazca deforme o que su madre muera en un accidente automovilístico. Un creyente no debe vivir su vida constantemente esperando que el desastre llegue a su vida. La purificación y el quebrantamiento son una parte necesaria en nuestra vida, pero Dios *no siempre* usa dificultades o dureza para lograrlos. Muy a menudo, experiencias *placenteras* son los medios que Dios usa para suavizar y purificar los corazones de su pueblo. ¡Dios usa tratos suaves con Su esposa!

*Si hemos pecado seriamente, y Dios ha puesto cierta restricción en nosotros, recuerde el Salmo 103:8-14. El Salmo 103 fue escrito cuando el rey David cayó en pecado con Betsabé; es un Salmo de restauración. En el verso diez, David le dice al Señor que no le aplicó el castigo que merecía. *"No ha hecho con nosotros conforme a nuestras iniquidades, ni nos ha pagado conforme a nuestros pecados."* Es importante recordar que cualquier juicio por nuestro pecado no es el juicio que merecemos, ¡merecemos mucho más! Por tanto, Dios es un Dios de gracia.

12. Nunca tomaré ninguna decisión hasta que sepa que Dios me está guiando. ¡No debo cometer ningún error! Algunas decisiones en la vida son cruciales, y debemos estar seguros de tener la mente y dirección de Dios antes de avanzar. El matrimonio, por ejemplo. Sin embargo, con muchas otras decisiones, Dios nos pide un paso de fe. Muchas veces Dios nos guiará cuando estemos ya en el camino. Pero si se sienta esperando que Dios le mueva, va a quedarse sentado por el resto de su vida. Si quiere que Dios le use con los dones del Espíritu, tendrá que estar dispuesto a usarlos y a cometer errores (2 Ti. 1:6). A menudo las personas que desesperadamente necesitan estar seguras de que están en lo correcto antes de hacer algo, son aquellas que no quieren cometer errores o exponerse al ridículo. Esté dispuesto a cometer errores, pero no se quede con los brazos cruzados. Dios nos guiará cuando estemos ya en el camino. Dios casi nunca nos guía si estamos con los brazos cruzados. El nos guía y nos dirige mientras estamos en movimiento.

13. Cuanto más ore, más repuestas obtendré (Si oro cuatro horas, obtendré respuestas por valor de cuatro horas; pero si sólo oro una hora, solamente obtendré respuestas por valor de una hora. ¿No suena esto muy mecánico? Esta no es una relación de amor. Dios no es un jefe que nos tiene como empleados. Esto le dice a Dios: "Yo he puesto mi tiempo y esfuerzo en esto, ahora me debes tanto". Pero lo que Dios quiere es una relación en la cual nuestro corazón le escuche y le responda. No es necesariamente cuán largo oremos o ayunemos lo que trae el poder y la presencia de Dios. Muchas veces solamente un pequeño acto de obediencia trae el logro deseado.

El Reverendo Edward Miller de Argentina, había orado durante muchos meses por un avivamiento. Después de un tiempo, reunió a un pequeño grupo de creyentes para que le ayudaran a orar. Una muchacha dijo: "Tengo la extraña impresión de que debería dar golpecitos en el escritorio" (El Rev. Miller le pidió que lo hiciera, pero ella pensó que era ridículo.) La extraña impresión continuó. Finalmente él y otros empezaron a tocar el escritorio ¡pero cuando *ella* tocó el escritorio, el poder y el viento de Dios llegó! Todos fueron visitados poderosamente por una nueva ola de Pentecostés, y el fuego se extendió por toda la nación. Miles se convirtieron y fueron bautizados en el Espíritu Santo. ¿Pero qué fue lo que hizo que el poder de Dios llegara? Algo que es *totalmente absurdo* para nuestra mente natural. Fue un pequeño acto de obediencia. Y, sin embargo, es lo que Dios requiere —El simplemente dice: "Obedece mi voz". Respuesta a lo que Dios está señalando, lo atraerá (Jer. 7:22-23).

14. ¡No hay nada bueno en el hombre, especialmente en los incrédulos! Esta es una frase teológica incorrecta. Jesús dijo que hasta los pecadores aman (ágape) a los que los aman (Lc. 6:32). Hasta los incrédulos han sacrificado sus vidas por otros, o donado órganos de su cuerpo para que otros puedan vivir, etcétera. Por supuesto, cualquier bondad en un creyente o en un incrédulo viene de Dios. ¡Todo lo bueno viene de Dios! Algunos incrédulos tienen *algo* bueno en ellos. Esto no quiere decir que van a ir al cielo, Cristo es la única entrada al cielo. Pero decir que no hay nada bueno en el hombre es incorrecto.

ENTENDIENDO AL HOMBRE

El hombre es una trinidad. Es espíritu, alma y cuerpo. "El hombre es un espíritu, que posee un alma, y que vive en un cuerpo". Nuestro cuerpo es tangible y está hecho de los elementos y minerales de la tierra. Es nuestro caparazón. El alma y el espíritu son intangibles, pero tienen una forma parecida a la de nuestro cuerpo. Primera Tesalonicenses 5:23 dice que las tres áreas del hombre deben ser santificadas (limpiadas, renovadas y redimidas). El siguiente diagrama ilustra las tres partes del hombre.

EL HOMBRE EN TRES PARTES

CUERPO-La parte tangible del hombre. Su carne y sus huesos; el caparazón. Creado de los elementos de la tierra, es muy complejo y maravillosamente formado (Sal. 139:13-16).

ALMA- Nuestras emociones y personalidad.

ESPIRITU- Nuestra vida misma. Dios sopló (Nm. 16:22). Nuestro espíritu le da vida a nuestra alma y cuerpo (Stg. 2:26). "El cuerpo sin el espíritu está muerto."

CUERPO
ALMA
ESPIRITU

EN LA MUERTE
Tenemos esto

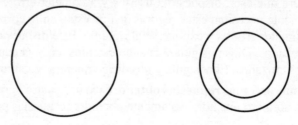

Cuando morimos, el espíritu y el alma son separados del cuerpo. El cuerpo se convierte en polvo otra vez, hasta el tiempo de la resurrección, cuando ese polvo sea recreado en un cuerpo nuevo e incorruptible. Este nuevo cuerpo es reunido con el alma y el espíritu. En la muerte, el alma y el espíritu del creyente dejan el cuerpo y se van directamente al cielo, a la presencia del Señor (2 Co. 5:1-8; 2 P. 1:13-14). El espíritu y el alma tienen una forma parecida a la del cuerpo físico, para que tengan identidad y se puedan reconocer unos a otros cuando hayan dejado el cuerpo. La muerte simplemente significa *separación*; la muerte no es olvido. La muerte separa el cuerpo del alma y espíritu. Santiago dijo que el cuerpo sin el espíritu está muerto (Stg. 2:26). La *segunda muerte* mencionada en Apocalipsis 2:11; 20:14, es la separación eterna de Dios, en el lago de fuego, para los no redimidos.

Romanos 8:23 dice: "La redención de nuestros cuerpos". La redención total de Cristo no será completada hasta que nuestro cuerpo sea redimido y resucitado. El apóstol Pablo quería su cuerpo de regreso tan pronto como fuera posible. Quería una resurrección mejor. La medida en que permitamos a Cristo obrar en nosotros durante la vida, determinará el grado de gloria que nuestro cuerpo tendrá en la resurrección (Fil. 3:11-14; 3:20-21; He. 11:35; 1 Co. 15:40-44). El hombre fue creado para ser tres entidades por toda la eternidad: cuerpo, alma y espíritu. Dios quiere que el hombre tenga su cuerpo por toda la eternidad. La muerte es temporal. Así pues, busquemos la mejor resurrección posible. Entreguémonos a la voluntad y al plan que Dios tiene para nuestra vida (Fil. 3:11).

Las tres partes del hombre fueron creadas por Dios, y fueron creadas para estar sujetas al Espíritu Santo. Las tres áreas: cuerpo, alma y espíritu necesitan ser limpiadas y redimidas (1 Ts. 5:23). ¡El hombre es un espíritu! vestido con un alma (emociones, personalidad, temperamento), que viene en un cuerpo. El espíritu es nuestra vida, es el aliento que Dios sopló en el hombre, el día en que lo formó. El espíritu da vida a nuestra alma y a nuestro cuerpo. Lo que controla nuestro espíritu, controla el resto de nuestro ser.

Nuestro espíritu necesita ser limpiado. ¡Podemos tener un espíritu altivo! (Pr. 16:18). Nuestro espíritu puede resistir a Dios y no someterse a El. Necesitamos un espíritu quebrantado. El espíritu, podríamos decir, es nuestro corazón. Lo que somos en espíritu, es lo que verdaderamente somos. Nuestro espíritu es el centro de nuestro ser. Nuestros más profundos motivos se hallan aquí, y lo que verdaderamente adoramos está aquí. Lo que domina nuestro espíritu determina lo que somos.

Pídale a Dios que le dé un espíritu limpio y un corazón puro. No podemos discernir otros espíritus hasta que nuestro propio espíritu sea limpiado y rendido a Dios. En Primera Corintios 2:9-14, hay **tres** clases de espíritus: 1.) Nuestro espíritu; 2.) El espíritu de este mundo; 3.) El Espíritu de Dios. Cuando un hombre rechaza el Espíritu de Dios, se hace vulnerable al espíritu de este mundo. Por lo tanto, nuestro espíritu es el campo de batalla entre estos dos.

ENTENDIENDO AL HOMBRE

Cuando nacemos de nuevo, nuestro *espíritu* es vivificado y llega a estar vivo para Dios. Antes de esto nuestro espíritu estaba *muerto* en delitos y pecados. "Muerte" significa separación, no olvido (Ef. 2:1-5, 2 Co. 4:6). En el nuevo nacimiento nuestro *espíritu* viene a la vida, llega a estar vivo para Dios, y hay una nueva conciencia de Dios y de la esfera espiritual. También, cuando somos llenos del Espíritu Santo, nuestro *espíritu* es sumergido en el Espíritu de Dios. Pero el punto más alto de la *espiritualidad* es cuando el Espíritu de Dios puede fluir sin restricciones a través de un *espíritu limpio*, con las emociones del alma y el cuerpo en sujeción.

* La vida ideal es aquella en la cual el espíritu controla el alma y el cuerpo. Antes de la caída, el espíritu tenía dominio completo sobre Adán, como Dios lo había planeado. ¡El hombre es un ser espiritual y debe ser gobernado por el espíritu! Con la caída, las tinieblas y la separación entraron en el espíritu del hombre. Dios le había dicho a Adán acerca del fruto prohibido: "El día que de él comieres, ciertamente morirás" (Gn. 2:17, 3:3). El se refería a una muerte espiritual, no física. Adán no murió ese mismo día, vivió 930 años más. Pero una muerte *espiritual* ocurrió, la cual causó que su cuerpo *empezara* a morir. Desde la caída, ha sido una batalla cuesta arriba, el ser espiritual. A menudo el alma y el cuerpo están gobernando, en vez del espíritu. Lo ideal es que el Espíritu de Dios controle el *espíritu* del hombre, el cual a su vez controlará el alma y el cuerpo.

El problema de ser dominado por el alma
Hebreos 4:12

Dios quiere que su pueblo sea *espiritual*, no *anímico*. A menudo, el alma (emociones, temores, caprichos, parcialidad, etc.) se atraviesa en el camino del espíritu y evita el fluir del Espíritu Santo. Una persona dominada por el alma es dominada por sus emociones, las cuales traen depresión, desánimo y otros sentimientos. Dios quiere que entendamos la diferencia entre alma y espíritu. La Palabra de Dios divide el alma del espíritu (He.4:12). La Palabra de Dios puede mostrarnos lo que es genuinamente espiritual (que se origina del Espíritu Santo a través de nuestro espíritu) y que está viniendo del alma o de las emociones. La Palabra de Dios nos puede mostrar cuáles son nuestros verdaderos problemas y por qué siempre estamos deprimidos o enojados; *no* necesitamos ir a un psiquiatra.

En Hebreos 4:12 vemos que la Palabra de Dios divide el alma del espíritu. Separa lo psíquico (sentimientos, temores, estados de ánimo, pensamientos naturales, etc.) de lo que verdaderamente es espiritual. La Palabra de Dios no sólo nos muestra lo que es del alma o emociones, sino también revela los motivos más profundos de nuestro espíritu. La Palabra de Dios encuentra nuestros problemas y nos muestra lo que está mal en nuestra alma (emociones), y en nuestro espíritu (motivos). Es como una luz que se enciende en nuestro interior. "La exposición de tus palabras alumbra" (Sal.119:130). Muchas veces no podemos señalar nuestros verdaderos problemas, pero la Palabra de Dios los identifica y los sana.

Debemos vencer lo propio el alma, porque cuando somos dominados por nuestros sentimientos, no somos firmes de carácter, y tomaremos decisiones de acuerdo con nuestras emociones. Las emociones son muy parciales. La lástima y la *necesidad* no deben empujarnos a ir al campo misionero; un llamamiento divino sí. Las personas que son dominadas por el alma son muy vulnerables a la influencia de otros espíritus que se mueven cerca de ellos, los cuales pueden apartarlos de los propósitos de Dios. No obstante, las emociones pueden ser buenas, si son producidas por el Espíritu de Dios.

¡El alma no debe gobernar! El espíritu, con la cobertura del Espíritu de Dios, ¡sí! El alma debe estar bajo el control del espíritu y del Espíritu Santo. Aquí tenemos algunas otras evidencias del señorío del alma: (Emociones del alma)

* Infatuación. Fantasía, un mundo irreal. Esto no significa gobernar nuestro espíritu (Pr. 4:23).

* Histeria. La esposa de Job estaba histérica. Ella le dijo que maldijera a Dios y se muriera. A las mujeres se les exhorta a que sean sobrias.

* Temores. El espíritu de una persona puede estar sano, pero los temores del alma pueden bloquear el fluir del espíritu y del Espíritu Santo.

* Parcialidad. Emociones que favorecen a uno más que a otro. Es amor carnal y entorpece el discernimiento.

* Autocompasión. Mal humor, depresiones, opresiones, estar bajo nubes obscuras frecuentemente.

* Sospecha e imaginaciones. Las personas que viven en la esfera del alma son susceptibles a esto.

* Vivir por emociones en lugar de vivir por la verdad. Debemos caminar "por fe, no por vista."

* Humanismo. Es simpatía y emociones; niega que habrá un juicio.

* Falsa guianza. Guiarse por las emociones, los escalofríos, mariposas en el estómago, fenómenos.

* Incapacidad de ser objetivo. —Debido a que las emociones están fuera de control— Irracional. *(Algunos de estos pueden ser también problemas del espíritu).*

La tentación
Jesús fue probado en el espíritu, el alma y el cuerpo

- **ESPIRITU** - En el área de los motivos y adoración. (Mt. 4:8-10) *"Todo esto te daré si postrado me adorares."*
- **ALMA** - En el área de las emociones. (Mt. 4:5-6) *"...Echate abajo... demuestra quién eres".*
- **CUERPO** - En el área de los apetitos cuando El tuvo hambre (Mt. 4:3-4) *"Di que estas piedras se conviertan en pan".*

ORIENTACIONES PARA ADQUIRIR DISCERNIMIENTO
VENCIENDO LO PSIQUICO

• Cuando decimos que una persona es **psíquica**, queremos decir que es gobernada por su alma, —por sus emociones y su mente natural, en lugar de ser controlada por su espíritu y por el Espíritu Santo—. El hombre o mujer psíquico es afectado por problemas en el alma como depresiones, complejos, temores, ira, autocompasión, etc. Pero para tener discernimiento, el alma del creyente debe llegar al reposo. Todo malestar y confusión debe ser limpiado *dentro* de él, antes de que pueda comprender lo que está sucediendo fuera de él.

Lo ideal es que seamos gobernados por nuestro espíritu: el Espíritu de Dios moviéndose a través de nuestro espíritu, con el alma en sujeción. La mente natural y las emociones deben ser dominadas por nuestro espíritu y por el Espíritu de Dios. Cuando el espíritu está gobernando, somos *espirituales*. Dios quiere que seamos espirituales, no psíquicos. Los cristianos inmaduros son gobernados y guiados por su *alma*.

DIVIDIENDO EL ALMA Y EL ESPIRITU

1. Algo que se dice con dulzura, "agradable al oído" puede no ser bueno. Nuestra inclinación es a aceptar lo que es dicho con gracia, pero rechaza lo que es severo o rígido. Desafortunadamente el *tono* no es un método infalible para juzgar si algo es de Dios o no. Satanás puede ser elocuente y amable, sus ministros a veces parecen muy justos (Lea 2 Co. 11:13-15.) ¡No se deje engañar por las tácticas de Satanás! Pablo dijo: "No ignoramos sus maquinaciones" (2 Co. 2:11; Ro.16:18). Dulzura, bondad y tonos suaves no son necesariamente evidencias seguras de una verdadera unción. La mujer adúltera de Proverbios 7:21 era suave y dulce.

2. Si se desvía en algo, aún recibirá "confirmaciones." No se *envuelva demasiado* con "confirmaciones","señales", "números", "nombres", "coincidencias" y otros fenómenos. Muchos de éstos pueden ser del alma, y un cristiano puede creer equivocadamente que está siendo guiado por Dios. Hace ya algunos años yo era maestro en un instituto bíblico donde había un joven muy guapo, del cual veinticinco muchachas habían tenido la misma revelación: "¡Este es mi futuro esposo!" Fue sorprendentemente increíble cuántas "confirmaciones" infalibles, algunas de ellas habían recibido. Todo venía del alma. Recuerdo a un hombre que tenía siempre en mente el nombre de una muchacha llamada Genny. De pronto, estaba manejando en una carretera cuando vio un anuncio gigante que decía: *"¿No quisieras tener una Genny?"* Lo que quiero decir es, que cuando tenemos algo en mente, lo *veremos* y *oiremos* por todos lados y saltará a nosotros de cualquier rincón. Si compras un BMW, verás BMW por todos lados, aunque hayan estado allí todo el tiempo. Y cuando las personas erróneamente creen que tienen una revelación de Dios, empezarán a obtener *confirmaciones* por todas partes. ¡Debemos ser librados de lo psíquico! Muchos en la iglesia son guiados por su *alma,* en lo que se refiere al matrimonio. Tengamos cuidado.

3. Los hombres buenos cometen errores. Ministros maduros algunas veces dicen cosas que Dios *no* les ha guiado a que digan. Dios reprendió a Natán el profeta por decirle a David algo con su mente natural (1 Cr. 17:1-6). También recordará la vez que Elías estaba hablando por Dios (1 R. 18:21), y al momento dijo cosas de su propio espíritu: "Sólo yo he quedado profeta de Jehová" (1 R. 18:22). Es tan fácil cambiar del Espíritu de Dios a nuestro espíritu cuando estamos ministrando los dones del Espíritu. En Levítico 4:2-3, Dios llama nuestra atención al hecho de que una congregación completa puede estar pecando por ignorancia, porque el sacerdote ungido está en ignorancia (Lv. 4:13). ¡Examine las profecías y explicaciones! Las profecías no siempre son correctas (Dt. 18:21). Tenga cuidado con las profecías que instruyen o dirigen, especialmente las que tienen que ver con el matrimonio. No ponga su vida y su eternidad en una profecía. Asegúrese de haber buscado a Dios, y de que su decisión tenga una base escritural. (¿Es *divorciado* o *incrédulo* su compañero en prospecto? ¡Recuerde que el divorcio es un voto o un pacto quebrantado!)

4. ¡Nuestra opinión acerca de una persona se basa en cómo nos hace *sentir*! De acuerdo con una encuesta, nuestra opinión acerca de una persona se basa en un *aspecto fundamental* más que en cualquier otra cosa: *¡Cómo nos hace sentir!* Un timador con un buen humor y carisma puede tener la habilidad de hacernos pensar: "Bueno, después de todo, no es tan malo". Por otro lado, alguien que tenga un buen carácter pero carece de carisma, puede ser el último en nuestra lista de favoritos. Esto demuestra que somos guiados por el alma, no espirituales. No es una forma segura de valorar el carácter.

5. Nuestros sentimientos *presentes* influyen y distorsionan nuestra evaluación de las situaciones que enfrentamos. Si se le preguntara: "¿Cómo van las cosas en su iglesia?" *sus sentimientos en ese momento* podrían afectar grandemente la respuesta. Permítame ilustrarlo:

Supongamos que su iglesia está experimentando un gran avivamiento pero usted ha estado pasando momentos difíciles, y si se le preguntara: "¿Cómo está la iglesia?" probablemente respondería: "Terrible; todo está seco, no recibo nada en los servicios, y hay muchos problemas en la iglesia". El hecho es, que hay una gran diferencia entre cómo **están** las cosas, y lo que **sentimos**.

Para una persona que está deprimida, todo es negro. Es imperativo que pongamos a un lado nuestros sentimientos para discernir la verdadera situación. En este punto encontramos la diferencia entre un cristiano psíquico y uno espiritual. El que es guiado por el alma asume que lo que está *sintiendo* por dentro es el indicador de cómo debe de ser todo *fuera* de él. Pero el espiritual deja atrás los sentimientos de su alma para evaluar la verdadera condición. Trataré de explicarlo en el siguiente párrafo.

Hace algunos años llegué a un culto dominical, me arrodillé en el altar para orar mientras tocaban el órgano suavemente, y me encontré con el Señor de una forma maravillosa. Luego entró una mujer que tenía problemas en su casa y estaba deprimida y desalentada; ella comenzó a reprender y atar a Satanás porque en su mente sentía que el servicio estaba siendo interrumpido por Satanás; pero no era así, la que estaba perturbada era ella. Ella estaba juzgando la situación conforme a cómo se sentía. Esto es ser psíquico, no espiritual. No podemos discernir qué espíritu está en operación hasta que nuestra alma y espíritu sean renovados, limpiados, o hayan entrado en reposo.

6. Tenga cuidado con el poder de las sugerencias. Las palabras son creativas. Un hombre oró un día en una iglesia: "Señor, sana toda nuestras diferencias". La oración *sugería* que todos estaban peleando. ¡Pero no era así! Satanás usa frases y oraciones como ésta para crear desunión. Motiva a todo el mundo a pensar: "quién estará en contra de quién". Tenga cuidado con el poder de las sugerencias. Recuerde que también las profecías y exhortaciones tienden a llevarnos en cierta dirección, sean de Dios o no (Reconsidere las profecías que han sido dadas acerca de usted.)

7. ¡Examine las unciones y sensaciones! Satanás también tiene unciones (así dice en la KJV —versión inglesa). El es el querubín ungido mencionado en Ezequiel 28:14, y falsifica todo lo que es real, incluyendo la unción. La música de Satanás tiene una unción falsa. Los ministros de Satanás aparentan ser justos y lógicos, pero están inspirados por una falsa unción (2 Co.11:13-15). Los cristianos llenos del Espíritu pueden ser afectados por *sentimientos*. Puede que sienta escalofríos al oír el himno nacional, o derramar lágrimas al escuchar violines en alguna escena triste de una película. La música militar inspira sentimientos de fortaleza y agresión. El amor, el odio, la ira y la venganza se mezclan en nosotros cuando nos dejamos absorber por una película. Algunas veces lo que designamos como *"testimonio del Espíritu"* **no** es nada de eso. Es muy fácil percibir un testimonio de las cosas que queremos oír, y difícil percibir el testimonio del Espíritu, para las que no queremos oír. A menudo las cosas que más *necesitamos oír* son las que *menos queremos oír*.

8. Satanás puede dar paz basada en presunciones. Hay una falsificación para todo lo que es genuino. Satanás le puede dar al hombre o a la mujer paz, una paz falsa que está basada en una presunción. Hay muchas personas que sienten que están listas para ir al cielo, pero no lo están; y le dirán que tienen paz. Esta es la paz de Satanás. Aun algunos cristianos que han caído en error, sienten que lo que están practicando es lo correcto. Esto también es la paz de Satanás. ¡Es engaño! El general George Patton tomó riesgo temerarios durante la Segunda Guerra Mundial. ¡El basaba su valentía en la *reencarnación*! El creía que había vivido antes, y que iba a vivir otra vez, y que sabía cómo iba a morir. Así que, todos los riesgos que tomó estaban basados en una paz falsa, que es un engaño.

9. ¡Satanás puede imitar casi cualquier cosa que Dios hace! (Mt. 24:24; Ap. 13:13-14). El engaño es un espíritu poderoso. No debemos pensar que podemos discernir asuntos por nuestra gran inteligencia, porque no podemos. Es sólo por la misericordia de Dios y por caminar cerca del Señor en humildad que seremos preservados del engaño. La Escritura nos amonesta a no apoyarnos en nuestro propio entendimiento, o ser sabios en nuestra propia opinión (Ro. 12:16; Pr. 3:5-7).

Tenga cuidado con los libros que hablan acerca de ángeles. Recientemente la iglesia ha sido invadida por libros acerca de visitaciones angelicales. Desafortunadamente muchos de los encuentros con ángeles mencionados en estos libros fueron con ángeles **caídos**. (Aunque sus ojos sean abiertos para ver el mundo espiritual —ángeles, espíritus, etc.—, no podrá discernir si son ángeles buenos o malos, porque los ángeles de Satanás también pueden ser bellos.) José Smith, fundador de los mormones, tuvo una visitación angelical, pero fue de Satanás. Una nueva religión empezó porque José Smith no tuvo la precaución de retar la lealtad del ángel. El ángel Moroni es un ángel satánico (Gá. 1:8-9).

10. Para guianza - No se envuelva demasiado en impulsos o advertencias. Algunos cristianos se sienten *advertidos o frenados* por Dios cada vez que tratan de tomar alguna decisión. Este es un problema psíquico. La indecisión es una atadura, y puede destruir al hombre. El efecto de la indecisión es que el hombre no *hace nada*. Yo sugiero que no necesariamente busque un impulso de Dios para seguir adelante o para detenerse. Verdaderamente hay impulsos y advertencias de Dios, pero no hay que llevarlos al extremo, porque esto lleva a una atadura. Si *siempre* está buscando esto, entonces lo obtendrá, pero no vendrá de Dios.

11. La evidencia de la unción verdadera - lo complicado se hace simple. La verdadera unción hace las cosas claras y fáciles de entender. También será lavado y se sentirá limpio cuando escuche la *verdadera* Palabra de Dios (Jn. 15:3). Pregúntese a sí mismo después de cada sermón: "¿Cómo me siento, limpio o sucio?" Algunos sermones lo hacen sentirse *sucio*. También, si el sermón es vago, confuso y difícil de entender, esto es probablemente una evidencia de que la unción ¡no es pura!

• • • • •

DIRECTRICES PARA UNA BUENA DOCTRINA

Razones por las cuales los cristianos tienen error

1. FALTA DE CONOCIMIENTO DE LA BIBLIA- "Erráis ignorando las Escrituras" (Mt. 22:29). Por tanto, debemos estudiar. De lo contrario, seremos *avergonzados* porque no tendremos las respuestas para los demás, o para nosotros mismos (2 Ti. 2:15). Debemos saber lo que Dios dice sobre cada aspecto de la vida. Dios claramente indica que El honra el estudiar con *diligencia* (Pr. 2:1-6).

2. INMADUREZ- Algunas veces un cristiano yerra simplemente porque es joven e ignorante (1 P. 2:1-2; Sal. 19:7-11). La Palabra de Dios puede hacer *sabio* al simple.

3. LAS PERSONAS SON INSTRUIDAS INCORRECTAMENTE- El problema entonces está en el *líder* (Lv. 4:1-3). Una congregación completa puede caer en error porque el líder ungido está en error o ignora ciertas áreas de verdad (Lv. 4:13; 4:3). Algunas veces buenos ministros ungidos tienen un punto ciego. La ignorancia no nos excusa, aún somos culpables (Lv. 4:13, 22, 27).

4. EL PECADO DE LA PRESUNCION- Algunas personas piensan que son infalibles —que conocen la voz de Dios y que no pueden estar equivocadas. Esto es ser tonto y engreído. El orgullo siempre precede a la caída (Pr. 16:18, 18:12). He oído a personas que tienen los dones del Espíritu Santo decir: "Yo nunca he estado equivocado", pero sí que lo han estado (1 Co. 8:2).

5. NO COMPROBAR UNA REVELACION- (No comprobar algo que sientes que Dios te ha mostrado). Pablo dijo: "Examinadlo todo; y retened lo bueno" (1 Ts. 5:21, 1 Jn. 4:1). Juan advierte, "No creáis a todo espíritu, sino *probad* los espíritus si son de Dios." Esto incluye impresiones, sentimientos, voces, revelaciones y sueños. Nunca debemos aceptar una revelación, sueño, profecía, consejo o enseñanza que contradiga la Palabra escrita de Dios. Si nuestra revelación es auténtica, entonces nunca irá en contra de la Escritura. *Permanezcamos en la luz*. Permitamos que los cristianos maduros examinen nuestra revelación.

6. SINCERAMENTE EQUIVOCADO- Lo terrible del engaño es que las personas que están engañadas, creen firmemente que están en lo cierto. Y *mientras más* están en el error, más convencidas están de estar en lo correcto. ¡La sinceridad no es suficiente! "Hay camino que al hombre le parece derecho; pero su fin es camino de muerte" (Pr.14:12; 16:25). Se requiere de algo más que sinceridad para mantenernos en el camino. ¿Estamos dispuestos a escuchar a otros? o ¿Podemos humillarnos y acudir a otros en busca de ayuda? La sabiduría, la humildad y el consejo son necesarios para estar en el buen camino, no sólo la sinceridad. Un hombre puede estar manejando en la Ruta 17 *Oeste*, pensando sinceramente que está en la Ruta 17 *Este*, aun así va por el camino equivocado. Y mientras más maneje, más lejos de su destino estará, aunque sea extremadamente sincero.

7. VOLUNTARIAMENTE IGNORANTE- (2 P. 3:5) Algunas veces los cristianos, premeditadamente, son evasivos con verdades que no quieren encarar. La actitud: "No soy responsable por lo que no sé" no es excusa alguna. No podemos pasar por alto o evadir ciertas verdades o asuntos que Dios ha puesto delante de nosotros, porque si lo hacemos, no seremos perfeccionados, y nos conformaremos con un lugar inferior en el reino de los cielos (Mt. 5:19). La característica de aquellos que están en el monte de Sion en el cielo, es que son *transparentes* y están libres de todo engaño y falsedad (Ap.14:5).

8. UNA MENTE CERRADA- (Terquedad, indisposición a ser enseñado). Un cristiano puede tener una mente cerrada por la manera en que fue criado y por las tradiciones. Todos tenemos áreas cerradas en nuestra vida. Alguien puede estar abierto hasta que cierto tema se menciona, y en ese momento su corazón se cierra. Esto puede ser por varias razones: Puede tener ideas preconcebidas, estar mal informado, o no estar dispuesto a escucharlo. Necesitamos un espíritu enseñable (Lc. 24:45). Es un regalo de Su gracia, y El nos lo puede impartir en segundos para cualquier área de nuestra vida. Estas áreas permanecerán estériles e improductivas si no permitimos que Dios nos cambie.

9. DEMASIADO INDEPENDIENTE- Algunos cristianos son obstinados y no escuchan a nadie. Otros se desvían porque evitan la compañía y el consejo de otros que podrían ser una salvaguarda para ellos y proveerles equilibrio (Pr.11:14). Los solitarios son así quizás porque no pudieron vencer heridas del pasado o *nunca* se pudieron adaptar socialmente. Una cosa es que Dios haga a algunos hombres peculiares o diferentes, pero cuando nosotros mismos nos hacemos peculiares o diferentes, ¡somos extraños!

10. DESEO DE CUALQUIER COSA "SENSACIONAL"- Pablo dice que algunos creyentes tienen "comezón de oír" (Lea 2 Ti. 4:2-4). Comezón de oír no es nada más que aquel que quiere escuchar algo fuera de lo común;

algo que vaya más allá de la Palabra de Dios (mitos, fantasía, misterios, lo sensacional, el futuro). Hechos 17:21 describe a las personas "no pasaban el tiempo en otra cosa sino en decir o en oír algo nuevo". El rey David conocía el peligro de ahondar en cosas que estaban más allá de su entendimiento, al decir el Salmo 131:1, "No se ha envanecido mi corazón, ni mis ojos se enaltecieron; ni anduve en grandezas, ni en cosas demasiado sublimes para mí." Los cristianos a veces caen en engaño y en error por hacer ayunos prolongados tratando de tener una experiencia espiritual extraordinaria. ¡Cuidado con sus motivos! Ore al Señor diciéndole: *"Señor, sólo quiero **saber** lo que Tú quieres que yo sepa, y sólo quiero **tener** lo que Tú quieres que yo tenga."*

11. VERDAD DESEQUILIBRADA- Cuando una verdad es sobreenfatizada, exagerada, e inclinada a una sola parte, resulta en error. Algo puede ser verdadero pero cuando se lleva a los extremos, se convierte en error. ¡No se esmere en sólo ciertas verdades espirituales! Esmérese en **todas** las verdades espirituales. Hay seguridad cuando uno se esmera en *todo* lo que Dios dice, no sólo en algunas cosas. Cuando uno centra la atención en sólo un área de verdad, la tendencia es minimizar o excluir las otras. Minimizar, abandonar, o rechazar cualquier parte de la Palabra de Dios significa rechazar a Dios mismo. Jesucristo es LA PALABRA DE DIOS.

12. SIMPLE (INGENUO)- "El simple todo lo cree" (Pr.14:15). Una persona simple es una que fácilmente es persuadida o influenciada por otros; alguien que no tiene convicciones y, por tanto, es engañado fácilmente (Ro.16:18). El hombre simple o ingenuo no hace diferencia entre el bien y el mal, y fluye fácilmente con cualquier cosa. Dios no quiere que Su pueblo sea simple y sin discernimiento sino sabio. El Señor alabó a la iglesia de Efeso por tener discernimiento (Ap. 2:2).

13. ORGULLLO- (La razón principal de todo error.) "La soberbia de tu corazón te ha engañado" (Abd. 1:3). El error y el engaño moran en el corazón de los orgullosos. Tenga cuidado con desear tener más o saber más que otros. El orgullo es la base de todas las religiones y doctrinas falsas. La gracia y la verdad sólo son dadas al humilde (Stg. 4:6).

14. MOTIVOS INCORRECTOS- (Hch. 20:28-30; 1 R.1:5). El engaño entra en los cristianos cuyos motivos no han sido purificados. Satanás se exalta a sí mismo y obra a través de hombres y mujeres que se exaltan *a sí mismos*. Satanás pudo entrar en los hombres mencionados en Hechos 20:30 porque sus motivos no estaban rendidos; por eso causaron mucha división en la iglesia.

15. ENGAÑO ENVIADO POR DIOS- Dios envía ceguera y engaño a aquellos que rechazan la verdad, pero aman el pecado y la inmundicia (2 Ts. 2:11-12; Is. 66:4; 2 Cr. 18:18-22). Pero el de corazón puro ve a Dios y ve las cosas como Dios las ve (Mt. 5:8). Cuando un cristiano pierde su entendimiento y ni siquiera puede entender las verdades más simples es porque ha habido una falla moral en su vida y existe una falta de arrepentimiento. El *entendimiento se aleja* del hombre que cae en inmoralidad sexual. Recuerde que la persona que cae en inmoralidad ha sido tomada por un espíritu maligno. Este es el pensamiento de Proverbios capítulo siete.

16. INCAPACIDAD DE RECIBIR DE OTROS- Dios nos habla directamente, pero también nos habla a través de ¡otros hombres! Una gran razón de por qué los cristianos caen en error es que no pueden oír a Dios hablarles y corregirles *a través de otras personas*. A menudo, la razón por la que un creyente no puede oír a Dios hablar a través de otros es porque no le agrada la persona que Dios le ha enviado. Rechazar al mensajero es rechazar a Dios también. Estamos rechazando la solución que Dios tiene para nuestra necesidad si rechazamos a *la persona* que Dios ha escogido para hablarnos. En Hechos 8, 9, y 10 Dios usó hombres para hablar a otros.

Hace algunos años un pastor tuvo un problema con una señora de su iglesia. Ella era impertinente y le causaba un poco de disgusto. Un domingo por la mañana cuando se levantó a predicar, se empezó a poner azul y le sobrevino un ataque cardíaco. Dios ungió a esta mujer y la envió a orar por él en el pasillo y él no quiso que ella orara por él y continuó con su ataque cardíaco. Al pastor le costaba mucho recibir de esta mujer. El estaba rechazando la provisión de Dios para su necesidad. Por esto debemos vencer nuestros sentimientos y preferencias. Debemos estar dispuestos a recibir de *cualquier* persona porque puede ser la diferencia entre *la vida y la muerte*. El rey Josías murió prematuramente a la edad de treinta y nueve años, porque no discernió lo que Dios le estaba advirtiendo a través de un rey impío (2 Cr. 35:20-27). Hubiera sido fácil para Josías escuchar a Jeremías porque él tenía una buena reputación y era su amigo.

• • • • •

SEREMOS PROBADOS EN LAS VERDADES QUE RECIBIMOS

Hechos 20:27-32: Cada iglesia e individuo serán probados para ver si son dignos de las verdades que han recibido.

1 Corintios 4:1-2: Se nos ha encomendado, como a mayordomos, la verdad de Dios. Debemos ser fieles a lo que sabemos.

Marcos 4:24-25: Si no somos fieles a las verdades que nos han sido confiadas, Dios no nos enseñará más, y perderemos lo que tenemos.

1 Corintios 11:19: Dios permite herejías en Su iglesia para probar el corazón de Su pueblo. Cuando la plaga de la doctrina falsa se desata, los corazones que no están bien contraerán la epidemia. Esta prueba también muestra quiénes son los obreros aprobados.

2 Tesalonicenses 2:3-12: Dios permitirá que Satanás produzca a su hombre, el anticristo, en nuestra generación. El atraerá a todos los injustos hacia él y algunos serán de la Iglesia. Dios usará al anticristo para limpiar Su iglesia.

Marcos 4:4, 14-15 : No se enoje con Satanás si roba la Palabra que usted ha sembrado en otro corazón. El problema no está en las aves del cielo (malos espíritus), que se llevaron la semilla... pero en un *corazón* que no la recibió profundamente.

ACERCA DE LA HERENCIA
¿CUÁL ES NUESTRA HERENCIA?

Introducción - Una herencia es una posesión que nos ha sido dada por otro. Es una bendición que ha sido dada por alguien que nos ama, cuando esta persona muere. Cuando Jesucristo nuestro Señor murió por nosotros, riquezas inimaginables que habían sido guardadas a través de las edades fueron dadas a cada uno de Sus creyentes. El Señor anuló cualquier testamento previo, cuando nos prometió un nuevo testamento con muchas bendiciones. Pero no fue hasta que El *murió*, que el poder de este nuevo testamento tuvo vigencia (Jer. 31:31-34; Mt. 27:50-53; He. 9:15-18). Un testamento no tiene poder hasta que el que lo hizo muere. Observe el tremendo poder que fue liberado, y el nuevo acceso a Dios que nos fue concedido cuando Cristo, el Testador, murió. En Su muerte una maravillosa herencia se abrió y ha sido presentada a cada uno de sus hijos.

"Maestro bueno, ¿qué haré para *heredar* la vida eterna?" (Mr.10:17). Una herencia no se gana, se *recibe como un regalo de gracia. La vida eterna* es una de la bendiciones de la herencia que Cristo ha legado a Sus hijos. Pero no termina aquí. ¡La herencia implica algo más que simplemente ir al cielo! La herencia es esencialmente dos cosas. (Ilustrada a continuación)

Nuestra herencia es doble

- **LA INTERIOR: EL SEÑOR MISMO ES NUESTRA HERENCIA.**
(Génesis 15:1; Deuteronomio 18:2; Ezequiel 44:28)

- **LA EXTERIOR: LAS NACIONES SON NUESTRA HERENCIA**
(Salmo 2:8; 1 Tesalonicenses 2:19; Filipenses 4:1)

A. EL SEÑOR MISMO ES NUESTRA HERENCIA- *El mayor regalo que el hombre podría poseer es el Señor mismo. Dios prometió muchas bendiciones a las familias de Israel, pero a los Levitas les prometió darse EL MISMO* (Dt.10:9; Nm. 3:45). A los levitas les fue dado el derecho de la primogenitura, una doble porción del Espíritu de Dios. El mayor llamamiento que alguien jamás pueda tener es entrar *totalmente* en la presencia de Dios para ministrarle a El (Sal. 65:4; Ez. 44:15). Este privilegio no se le da a cualquiera, porque algunos se descalifican a sí mismos.

Por lo tanto, nuestro primer concepto de herencia debe ser el pensamiento de RELACION. Somos llamados a heredarlo a EL, a tener plena relación con Dios. El mayor deseo del apóstol Pablo era *ganar* a Cristo, no solamente tener un gran ministerio. Lea Filipenses 3:7-14. ¿Cuál es la meta y el premio del supremo llamamiento que Pablo menciona en Filipenses? Es ganar a Cristo, conocerle, tener una mejor resurrección y estar lo más cerca posible de El en la eternidad. Esta es la meta y el premio. Abraham fue llamado a ser una bendición para todo el mundo, pero su enfoque central no estaba en eso, sino en lo que Dios le dijo en Génesis 15:1: "Yo soy tu escudo, y tu galardón sobremanera grande" (Lea Salmo 62:5).

Ahora bien, de la misma forma en que Israel tuvo que sacar a los enemigos para obtener a Canaán como su herencia, así también tenemos que sacar a todos los enemigos de nuestra vida, para heredar una relación plena con el Señor. Tenemos muchos enemigos en nuestras vidas que estorban nuestra relación con el Señor -dudas, temores, resistencia, ideas, etcétera-. Estos enemigos entorpecen nuestra sensibilidad e intimidad con El. Son fortalezas y focos de resistencia dentro de nosotros que se oponen y resisten el Espíritu de nuestro Esposo celestial. Déle la bienvenida a la Espada del Señor en su vida, para que cualquier cosa que esté obstruyendo la relación entre usted y su Dios sea juzgada y desechada. El Señor está más preocupado que nosotros en sacar a los enemigos de nuestra vida, porque mientras más controlados estén estos conflictos, entraremos a un reposo mayor, y tendremos una mejor relación con El. Y en ese estado de reposo, Dios puede fluir a través de nosotros con todo poder y gloria.

La herencia de Cristo está en los santos (Ef. 1:18). Deuteronomio 32:9 dice "Porque la porción de Jehová es su pueblo." No solamente el Señor es *nuestra* herencia, sino *su* herencia está en nosotros. El es nuestra herencia y **nosotros** somos la suya. El matrimonio hace que dos personas encuentren satisfacción el uno en el otro.

Dios pregunta: "¿Qué tipo de casa me edificarás? ¿Dónde encontraré reposo?"(Hch. 7:48-49). ¡Esta es una revelación real del corazón de Dios! El está buscando un lugar en donde pueda sentirse completamente a gusto y donde pueda encontrar reposo, ¡en nosotros! El dice: "Crea un lugar en tu templo donde yo pueda morar." Jesús fue a un templo físico y sacó todo lo malo con un *látigo*. Esté preparado para que Cristo entre en su templo y haga lo mismo para morar en su vida completamente.

EL SEÑOR MISMO ES NUESTRA HERENCIA - **Continuación**: " y queda aún mucha tierra por poseer" (Jos.13:1). Esto puede ser dicho de nuestra vida interior. Hay mucho territorio dentro de nosotros que no ha sido conquistado. Lo llamamos *focos de resistencia*. El Señor estaba diciendo: "Hay mucho trabajo que debe llevarse a cabo todavía en sus corazones." La Espada del Señor (La Palabra de Dios) nos puede mostrar directamente nuestros motivos y dónde se esconden nuestros enemigos. Satanás tiene poder en nuestras vidas, en donde está *escondido*, pero la Palabra de Dios es capaz de descubrirlo y destruirlo. ¡No tendremos la victoria hasta que lo que nos ata sea *revelado*!

"*Por mucho tiempo* tuvo guerra Josué con estos reyes" (Jos.11:18). Algunos de nuestros enemigos son derrotados fácil y rápidamente, pero otros luchan en contra de nosotros por más tiempo. Al final ganaremos si persistimos y no nos damos por vencidos (2 Co. 2:14).

"¿Hasta cuándo seréis negligentes para venir a poseer la tierra que os ha dado Jehová el Dios de vuestros padres?" (Jos.18:2-3). Es una exhortación para cada generación. Muchos literalmente mueren sin haber heredado lo que Dios había dispuesto para ellos y otros sólo heredan una fracción de lo que Dios tenía para ellos. Debe haber una victoria sobre las heridas y ofensas, tentaciones y presiones para recibir toda nuestra herencia. Recuerde, sólo los *vencedores* reciben la herencia (Ap. 21:7). Cuando un creyente cae y no sigue al Señor, pierde parte de su herencia (Ap. 3:11, He.10:36).

Cuando un cristiano devoto ha encarado la Espada del Señor en su vida y las áreas de su corazón han sido limpiadas, podrá con la misma Espada sacar a los enemigos de las vidas de otros que Dios ha puesto a su cargo. Porque hasta que *tengamos* victoria, vamos a poder llevar a otros a la victoria. Hasta que la Espada nos haya atravesado, la misma Espada vendrá a través de nuestras bocas para cortar ataduras y destruir a los enemigos en las personas que Dios nos dará como herencia. Este es el segundo aspecto de la herencia (Hch. 26:18).

Cuando los enemigos están fuera de nosotros y hemos entendido en cierto grado el primer aspecto de la herencia, Dios se moverá en nosotros para darnos el segundo aspecto de la herencia, porque El nos está preparando para un pueblo y desea darnos las naciones como herencia. Cuando hayamos madurado en nuestra relación con El, El va a reproducirnos en otros. (¡Pero tal vez no estamos preparados todavía!) Alguien dijo: *Cuando Dios reduce a un hombre a un verdadero mensaje, lo enviará a las naciones.* **Así que, humíllese bajo la poderosa mano de Dios para que El le exalte en su tiempo (1 P. 5:6).**

B. LAS NACIONES POR HERENCIA Salmo 2:8. Dios quiere darnos un pueblo por herencia (una iglesia, un campo misionero, tal vez una nación entera, personas que llevemos a los pies de Cristo). Pablo dijo, refiriéndose a sus convertidos, "¡Corona mía!" (Fil. 4:1, 1 Ts. 2:19). Si los enemigos han sido sacados de nuestra vida, entonces tendremos la experiencia, la autoridad para sacar a los enemigos de las personas que Dios nos dé. Entonces los podremos guiar a Su herencia en Dios (Hch. 26:17-18). Serán *nuestra* herencia, pero también los encaminaremos a su herencia.

La Palabra de Dios, la Espada del Espíritu es viva y poderosa y sacará a los enemigos de nuestros oyentes conforme prediquemos bajo el poder del Espíritu Santo. Aún después de la salvación, la idolatría y el engaño en las mentes y corazones de los que han nacido de nuevo debe encararse con la Espada afilada. El Apóstol Pablo luchó contra tres cosas cuando predicaba a sus convertidos. **1.) Tradiciones** - viejas ideas religiosas, hábitos. **2.) Supersticiones** - vanas imaginaciones, malos espíritus. **3.) Filosofías mundanas** - humanismo, pensamientos naturales. El pueblo que Dios le da es su herencia. Asegúrese de sacar a todos los enemigos fuera de ellos, y no deje ningún foco de

---

PARA OBTENER NUESTRA HERENCIA
DEBEMOS VENCER —AL MUNDO, A LA CARNE Y AL DIABLO
Apocalipsis 21:7

---

resistencia en ellos. Preséntelos al Señor como una virgen pura, como lo hizo Pablo (2 Co.11:2).

En el Antiguo Testamento, el pueblo de Dios peleó contra sangre y carne. Hoy, nuestra batalla no es contra sangre y carne. Nuestros enemigos son mucho más grandes. Estamos peleando contra las intangibles e invisibles fuerzas del mal (espíritus malignos, imaginaciones, razonamientos, filosofías, engaños, temores, dudas, y una naturaleza caída). Reconozca que estamos peleando contra fuerzas *intangibles*, y por lo tanto, las armas que usaremos en el combate son también *intangibles* (Esto será ampliado en las páginas siguientes). A continuación están las tres áreas principales de conflicto que debemos vencer para poder heredar todo lo que Dios nos ha prometido (Ap. 21:7).

1.) El Mundo. El sistema del mundo, su manera de pensar, sus atractivos, tentaciones, etcétera.

2.) El Diablo. Satanás, sus demonios y ángeles caídos. El es el tentador, el padre de mentiras, un calumniador.

3.) La Carne. Dentro de nosotros mismos. Nuestros mayores problemas están aquí y son los más difíciles de vencer. Estamos luchando contra una naturaleza caída y con un corazón que es engañoso y extremadamente perverso. Satanás jugará con cualquier cosa en nuestro corazón que no esté consagrada a Dios. Cuando las batallas internas cesan, podemos combatir con mucho más facilidad las batallas externas (Satanás y el mundo).

VENCIENDOLO TODO

Todas las promesas de Dios son para ¡los vencedores! (Ap. 2:7, 11, 17, 26; 3:5, 12, 21; 21:7). Hay requisitos que debemos llenar antes de recibir lo que Dios ha prometido (He. 10:36). La situación no es de nómbralo y recíbelo, como algunos enseñan hoy. Hay batallas que debemos ganar primero, y la mayoría de los conflictos del hombre no están en el ámbito tangible, sino en el alma, en el espíritu y en la mente. ¡Por lo tanto, nuestros problemas son espirituales! Para un mejor entendimiento de lo que tenemos que vencer a fin de heredar todas las cosas, he elaborado una lista de los problemas espirituales más comunes del hombre.

PREJUICIO	IMPRUDENCIA	TERQUEDAD
INFLEXIBILIDAD	RIGIDEZ	IMAGINACIONES
FANTASIAS	SUPERSTICIONES	SOLEDAD
PERFECCIONISMO	EXTRAVAGANCIA	DESALIENTO
INFERIORIDAD	INSEGURIDAD	COMPLEJOS
CINISMO	SARCASMO	INGRATITUD
QUEJA	INTROVERSION	VERGUENZA
JACTANCIA	INFORMALIDAD	TIMIDEZ
ESCEPTICISMO	PESIMISMO	NEGATIVISMO
FANATISMO	INMODERACION	DESLEALTAD

INCONSISTENCIA	INFIDELIDAD	ADULACION
FOBIAS	ENVIDIA	CELOS
ANSIEDAD	ALARMISMO	HISTERIA
JUSTIFICACION	EXCUSAS	EVASIVIDAD
INDECISION	CRITICA	ORGULLO
DOGMATISMO	IRA-FURIA	HIPOCRESIA
MANIPULADOR	DESHONESTIDAD	LUJURIA
INDECOROSO	CLASICISMO	BURLA
DISCORDIA	DENUNCIA	DESCONFIANZA
INCONSTANCIA	INESTABILIDAD	IMPULSIVIDAD
IMPETU	PARCIALIDAD	HABLAR EN EXCESO
INSOMNIO	DEUDAS	AVARICIA
DOMINANTE	DEMANDAS	SUCIEDAD
HARAGANERIA	PEREZA	MELANCOLIA
DESAFIO	DUDA	INCREDULIDAD
ENFATUACION	REBELDIA	DUREZA
ABRASIVIDAD	BORRACHERA	ANOREXIA
TAHUR	MALDECIR	RACIONALISMO
INCONFORMIDAD	DESCONTENTO	INFELICIDAD
MALHUMOR	SUSCEPTIBILIDAD	INDEPENDENCIA
FILOSOFIA	MUNDANALIDAD	MANIPULACION

* Todos los problemas de esta lista son espirituales. Problemas en el espíritu y en el alma son los causantes de la desunión. Resolverlos es esencial para la felicidad y convivencia con otros. La unidad y la felicidad comienzan en el espíritu, no en lo físico. Muchos jóvenes tratan de encontrar la felicidad en lo físico antes que todo (relaciones premaritales, etc.), y terminan en la miseria debido a que no tratan con los conflictos espirituales mencionados. ¡La unidad comienza en el espíritu!

CUESTIONARIO DE REPASO
Páginas 45-63

87.) El don de hablar en lenguas beneficia al creyente, ¿en cuál de las siguientes formas? a.) Le da expresión al subconsciente. b.) Trae tranquilidad cuando hay conflictos internos. c.) Edifica al creyente. d.) Nos ayuda a tener una mejor comunicación con Dios. e.) Nos ayuda a orar de acuerdo con la voluntad de Dios. f.) Todas las anteriores.

88.) ¿Seremos capaces de ser como el Señor y de ser conformados a Su imagen, si no sabemos cómo es El? (1 Juan 3:2) _____

89.) Dios solamente da gracia (habilidad divina) para el llamamiento específico en el cual El nos ha colocado. Cuando un hombre trata de ser algo que Dios no lo ha llamado a ser, no habrá gracia y él fracasará y se frustrará. ¿VERDADERO o FALSO?

90.) Si cuidamos nuestra salud (ejercicio, comida saludable, descanso, poner nuestras cargas sobre el Señor), Satanás podrá atacarnos cuando nos sintamos débiles y cansados. ¿VERDADERO o FALSO?

91.) ¿Qué versículo en el libro de los Salmos indica que Dios no quiere que nos enojemos o nos irritemos por toda la maldad que hay alrededor de nosotros? _____

92.) ¿Qué mujer se frustró y se enojó por los quehaceres de su casa (quizás era perfeccionista respecto a su casa), pero el Señor le dijo que se sentara en Su presencia y que escuchara Su palabra? _____

93.) En la mente residen nuestros motivos, y en el corazón es donde los asuntos son analizados lógicamente. ¿VERDADERO o FALSO?

94.) La Escritura dice que el divorcio es el resultado de (escoja una) a.) Falta de comunicación. b.)Mala administración financiera. c.) Un corazón endurecido.

95.) Una idea o concepto tiene una fuerza espiritual tremenda que controla nuestra manera de vivir y de actuar. ¿VERDADERO o FALSO?

96.) ¿Qué hombre tuvo una vida pasada deshonrosa, pero fue transformado por Cristo, y llegó a ser el autor de casi todo el Nuevo Testamento? (Lo que muestra de manera concluyente que un mal pasado no necesariamente nos descalifica para una vida fructífera.) _____

97.) ¿Cuáles son las dos claves principales que nos ayudan a descubrir el llamado y la vocación de Dios? _____ ¿Nos pedirá Dios que nos casemos con alguien a quien no nos sentimos atraídos?_____ ¿Es la tarea para la cual Dios nos ha escogido, una para la cual no tenemos capacidad ni deseo? _____

98.) La verdad, cuando es llevada a un extremo, puede llegar a ser: _____

99.) La falta de autovaloración (Yo soy indigno, No soy nada, No sirvo para nada) es una preocupación o temor del YO? y nunca trae liberación ni vida. ¿VERDADERO o FALSO?

100.) Los sentimientos de inferioridad y los complejos son parte de la Caída, tanto como el orgullo y la arrogancia. **VERDADERO o FALSO**

101.) Es muy piadoso decir: "No sé cómo el Señor pudo amarme o perdonarme." ¿VERDADERO o FALSO?

102.) Dé dos versículos que muestren que el voto de pobreza no es escritural _____ y _____

103.) La humildad no tiene ninguna relación con el dinero o con la falta del mismo. La humildad es una opinión modesta de uno mismo, y es una actitud de dependencia de Dios y de otros. ¿VERDADERO o FALSO?

104.) ¿Habrá Dios guiado a alguna persona a la inmoralidad a fin de que escarmentara y se volviera a El? _____ De acuerdo con Santiago 1:13-16 ¿por qué el hombre es tentado? _____

105.) Las purificaciones y los quebrantamientos son una parte necesaria de la vida, pero Dios no siempre utiliza dificultades para llevar a cabo esto. ¿Qué otro método utiliza Dios? _____

106.) ¿Qué pasaje muestra que aun los pecadores pueden tener el amor ágape, aunque toda bondad viene de Dios? _____

107.) Dios creó al hombre para que viva en un cuerpo por toda la eternidad. Por tanto, es importante tener la mejor resurrección posible. ¿VERDADERO o FALS0?

108) ¿Dónde residen nuestros más profundos motivos, en nuestro cuerpo, en nuestra alma o en nuestro espíritu? _____

109.) Enumere las tres clases de espíritus. _____ _____ _____

110.) El alma es: a.) Nuestros motivos; b.) Nuestra vida misma; c.) Nuestras emociones _____

111.) El Espíritu del hombre es: a.) Nuestras emociones; b.) Nuestra carne y nuestros huesos; c.) Nuestra vida misma, los motivos y lo que adoramos. _____

112.) La vida perfecta (o ideal) es cuando: a.) El cuerpo controla el espíritu. b.) El alma controla el cuerpo. c.) El Espíritu de Dios controla nuestro espíritu! con el alma y el cuerpo en sujeción.

113.) ¿Puede la dulzura o el tono de voz ser un criterio para discernir si la fuente es de Dios o de Satanás?__

114.) El alma (las emociones) puede ser tan engañosa hasta el punto de que un creyente puede tener confirmaciones aparentemente infalibles en la dirección que está siguiendo, y aun así estar equivocado. ¿VERDADERO o FALSO?

115.) ¿Qué profeta en el libro Primero de Reyes estaba hablando de parte de Dios en un momento, y luego estaba hablando de parte de su propio espíritu? _____

116.) Nuestra opinión acerca de otra persona está basada en una cosa en particular, más que en cualquier otra cosa, ¿cuál es? _____

117.) Lo que sentimos dentro de nosotros es generalmente un indicador de cómo están las cosas fuera de nosotros. ¿VERDADERO o FALSO?

118.) Lo que más necesitamos oír es, a menudo, lo que menos queremos oír. ¿VERDADERO o FALSO? Satanás puede dar paz. ¿VERDADERO o FALSO?

119.) Existen varios libros escritos sobre el tema de ángeles y visitaciones angelicales. Algunos de los mensajeros eran ángeles caídos, pero aparentaban ser ángeles enviados por Dios. ¿Qué secta de nuestros días fue iniciada por una visitación angelical? _____ ¿Qué pasaje nos advierte que no recibamos otro evangelio, aunque sea predicado por un ángel enviado del cielo? _____

120.) Cuando a las personas se les enseña equivocadamente, el problema está en el líder. ¿Qué versículo en el libro de Levítico muestra que un maestro y sacerdote ungido puede ser ignorante o estar ciego?

121.) La sinceridad no es suficiente para mantenernos en el camino. Escriba otras tres virtudes que nos ayudarán a permanecer en el camino correcto. _____

122.) ¿Podrá la actitud que dice: "Yo no soy responsable de lo que no sé", excusarnos de nuestra responsabilidad de obedecer toda la palabra de Dios? _____ ¿Habrá consecuencias aun cuando las personas son ignorantes? _____

123.) ¿En qué salmo el rey David declaró que no había andado en cosas demasiado sublimes para él? ____

124.) La incapacidad de oír de Dios a través de otras personas puede hacer que perdamos bendiciones y hasta puede ser una situación de vida o muerte. **¿VERDADERO o FALSO?**

125.) Dios permite que haya falsa doctrina para probar a Su pueblo, para ver quién es aprobado por Dios. **VERDADERO o FALSO**

126.) La herencia es doble (Escriba las dos partes). _____ _____

127.) ¿Qué sucede primero? a.) Los enemigos son echados fuera de nosotros. b.) Echamos fuera de otras personas a los enemigos. _____

128.) Para obtener nuestra herencia, debemos vencer el mundo, la carne y el diablo. ¿Cuál de éstos es el más difícil? _____

129.) La mayoría de los problemas del hombre se encuentran en la parte intangible de él mismo- en el alma, en el espíritu y en la mente. **¿VERDADERO o FALSO?**

Debido a que los problemas del hombre son espirituales, la Iglesia tiene las verdaderas respuestas, no el mundo ni el campo de la medicina. **¿VERDADERO o FALSO?**

Vea las respuestas en las páginas 99 - 101

• • • • •

VENCIENDO PROBLEMAS DEL ALMA, DEL ESPIRITU Y DE LA MENTE

El vencedor heredará todas las cosas.
(Apocalipsis 21:7)

En las próximas trece páginas hay una lista de obstáculos que debemos vencer.

* **Prejuicios, precipitación.** (Prejuzgar [de "pre" y "juzgar"] Un juicio o una opinión formada sin el debido análisis; una decisión mental que no se basa en la razón o en la justicia; una opinión prematura). El prejuicio es un problema espiritual, un problema del corazón. Es lo opuesto a la sabiduría porque la sabiduría no incluye a todos en la misma categoría. El prejuicio es también la condición de un espíritu precipitado, del cual sacamos conclusiones apresuradas antes de conocer todos los hechos (Is. 32:4). "¿Juzga acaso nuestra ley a un hombre si primero no le oye, y sabe lo que ha hecho?"(Jn. 7:51). El prejuicio y la envidia pusieron a Jesús en la cruz. El prejuicio entorpece nuestro discernimiento y espiritualidad (Pr.18:13; Mt. 7:1-2; 1 Co. 4:4-5). ¡Dios no tiene prejuicios! El prejuicio es lo opuesto al amor, porque el amor escoge creer lo mejor acerca de las personas sin dudar. El amor todo lo cree (1 Co.13:7).

* **Terquedad, inflexibilidad, rigidez.** (Inflexible en opinión o intención; irrazonablemente obstinado). Jueces 2:19. La necedad es resistencia e inflexibilidad, y Dios odia esto. El Señor no puede hacer mucho con personas que no quieren cambiar o estar abiertas al cambio. Dios se goza con aquellos que reciben su flexibilidad. Dios nos puede impartir flexibilidad si se lo pedimos. 2 Crónicas 30:8 advierte: "No endurezcáis, pues, ahora vuestra cerviz como vuestros padres; someteos a Jehová". Dios insiste en el Salmo 32:8-9: "No seáis como el caballo, o como el mulo, sin entendimiento, que han de ser sujetados con cabestro y con freno". El caballo y el mulo tienen que ser *remolcados* de una u otra manera. Dios no se goza en *remolcar* a la gente. El anhela guiar a su pueblo con su ojo, con una sola mirada o gesto. Permita que Dios desarrolle en su ser interior esta intuición especial para con su Espíritu.

* **Imaginaciones, caprichos, fantasías, supersticiones.** Son ideas que no tienen base. Las fantasías son un escape de la realidad. *Los caprichos y supersticiones* son impresiones, presentimientos, ideas y sentimientos no basados en algo tangible o sólido. Se sorprendería si supiera cuántos cristianos están aferrados a falsas esperanzas, o viviendo en un mundo de fantasías. Dios quiere que todo lo que creamos y esperemos tenga un fundamento y un cumplimiento seguro (Jer. 29:11). Asegúrese de que lo que anhela y lo que le guía sea una revelación verdadera de Dios. El Señor quiere afirmar nuestros caminos y pensamientos (Pr.16:3; 2 Co.10:4-5).

* **Aislamiento.** El aislamiento es un problema espiritual. Un hombre podría estar dentro de una multitud y sentirse solo. Hasta podría estar casado y estar aislado. Pero alguien que se encuentra en la quietud de la soledad y vive lejos de la civilización podría estar totalmente satisfecho. Cuando alguien está aislado necesita más de Dios. "Vosotros estáis completos en él" (Col. 2:10). La mujer que Jesús halló junto al pozo, en Juan 4, había estado casada cinco veces y vivía con otro hombre, pero aún estaba vacía y sedienta. El le dijo: *Bebe de Cristo quien es la fuente de agua viva* (Jer. 2:13; Jn. 4:14). El matrimonio en sí mismo no es la cura para el aislamiento y tampoco satisface si se está lejos de Dios. Muchas personas casadas son infelices y buscan amor en otra parte. Entonces, ¿cuál es la respuesta? ¡Enamorarse totalmente de Jesús, el novio celestial! (Sal.16:11).

* **Sentimientos de culpa, de reproche.** El sentimiento de culpabilidad no es una función de la mente; es un problema en el espíritu del hombre. Tratar con el cerebro usando tratamiento de shock, psicología o redefinir la moralidad, nunca toca el verdadero problema. La *única manera* de ser librado de la culpabilidad es mediante una confesión honesta de nuestras faltas y pecados (Jer. 3:13), y recibir la misericordia y el perdón de Cristo. El hombre culpa a otros para aliviar su sentimiento de culpabilidad, pero la única manera de librarse es reconocer sus propias faltas.

* **Perfeccionismo, extravagancia**. La paradoja de un perfeccionista es que nunca llegará a ser perfecto. Un perfeccionista no tiene victoria, a menos que todo esté como a él le agrada. Jesús era exactamente lo opuesto a un perfeccionista; no requería que todo estuviera *perfectamente* ordenado para ser feliz. El era capaz de ajustarse a nuevas situaciones y personas, y ceder a los deseos y preferencias de otros. Vivir con un perfeccionista es difícil. Permitamos que Dios nos haga más *tolerantes* con las situaciones de la vida y con otras personas, especialmente con las que tenemos cerca. El rey Salomón era perfeccionista y extravagante (1 R.10:4-8). Desafortunadamente, no era un perfeccionista en su vida espiritual. El era perfeccionista sólo cuando se trataba de su orgullo, su reino, su casa, su ropa, su vajilla, sus negocios, su trono, etcétera; pero en su *viña* interior fue negligente.

* Desaliento - El desaliento es el resultado de escuchar la voz equivocada. Es el resultado directo de escuchar lo que Satanás está diciendo con respecto a nosotros, y a nuestras situaciones, en vez de escuchar lo que Dios está diciendo. Dios siempre dice algo bueno. ¡*Dios es luz*! Es imperativo ver más allá de nuestras circunstancias presentes, y recordar el carácter de Aquel que dijo: "Nunca te dejaré, ni te desampararé." Jesús no fijó Su vista en Sus circunstancias (He.12:2). David se animó en el Señor (1 S. 30:6-7). Los Cristianos necesitan animarse diariamente porque es muy fácil desanimarse y endurecerse por las tentaciones y presiones que nos rodean (He. 3:12-13). Nunca tome decisiones importantes (como el matrimonio) cuando esté deprimido o desanimado. ¡Seguramente cometerá un error! Espere el amanecer de un nuevo día, cuando su perspectiva sea mejor, y pueda oír a Dios más claramente.

* Retraimiento, independiente. Estar siempre alejados y solos indica que tenemos problemas sin resolver en nuestros corazones. Una niñez y trasfondo desagradables, son algunas de las razones principales por las cuales una persona no puede o no quiere relacionarse socialmente. Cuando el espíritu se cierra, es debido a heridas y fracasos del pasado que *podemos y debemos* vencer. Todo creyente necesita encontrar el lugar donde encaja. Para ilustrar esto, una tabla en la carpintería es inútil por sí misma, pero cuando se junta con otras tablas en un edificio, se convierte en parte integral del mismo. Si la transmisión es removida del automóvil, no tiene valor alguno, pero cuando es puesta en el lugar correcto y conectada al motor y a las llantas, es de vital importancia. Las brasas en el fuego se mantienen, pero si una es separada de las demás, se apaga y se torna negra. Esta es una analogía de un creyente que se separa y se queda solo. No es bíblico ser un cristiano solitario (Sal. 68:6).

* Sentimientos de inferioridad, inseguridades, complejos. Dios tiene una respuesta para cada problema que el hombre afronta. Cada ser humano necesita tener una buena autoestima y considerarse valioso. Algunos hombres no son capaces de amar a sus esposas porque no se aman ni se aceptan a sí mismos. "El que ama a su mujer a sí mismo se ama"(Ef. 5:28). "Amarás a tu prójimo como a *ti mismo*" (Mt. 22:39). Por lo tanto un individuo debe ser capaz de aceptarse a sí mismo. Los sentimientos de inferioridad y los complejos están arraigados en *mentiras*—"No eres lo suficientemente bueno, no sirves para nada, no eres tan bueno como los demás, no eres digno, etcétera" ¡La verdad puede librarnos de las mentiras del adversario!

"Todo valle se rellenará, y se bajará todo monte y collado" (Lc. 3:5). Los valles son lugares bajos que representan áreas en las cuales somos deficientes (sentimientos de inferioridad e inseguridades). Dios promete: "Yo rellenaré todo valle". Las montañas son lugares altos que representan áreas de *orgullo y altivez*. Paradójicamente, *ambas* pueden estar en nuestras vidas al mismo tiempo, áreas de orgullo; pero otras áreas de inseguridad y valles deben rellenarse. Dios requerirá, entonces, que los lugares altos del orgullo y la arrogancia sean allanados, antes que los valles en nuestras vidas sean rellenados.

* Cinismo, sarcasmo. El cinismo es cuestionar los buenos motivos y acciones de otros. Satanás acusó a Job de servir a Dios sólo por lo que podía obtener de El. "¿Acaso teme Job a Dios de balde?...Pero extiende ahora tu mano y toca todo lo que tiene, y verás si no blasfema contra ti en tu misma presencia" (Job 1:9-11). El cinismo es exactamente lo opuesto a la naturaleza divina que *soporta pacientemente y cree* todas las cosas. El amor divino escoge creer lo mejor de otros. El sarcasmo viene de una palabra griega que significa *risa amarga*. El sarcasmo es producido por la amargura, y busca socavar la reputación de otros con humor amargo. Job se amargó durante su prueba y le dijo a sus amigos: "Ciertamente vosotros sois el pueblo, y con vosotros morirá la sabiduría" (Job 12:2). El exactamente estaba diciendo: "¡Cuando ustedes mueran se acabará la sabiduría! Tienen monopolizada la sabiduría, nadie más sabe nada".

* Ingratitud, quejas (Ro. 1:21). La ingratitud es el primer paso para apartarse del Señor. La ingratitud es a menudo la principal razón por la cual un cristiano no tiene victoria. La gratitud conquista todas las amarguras, críticas y trae la victoria (Números 11:1, nos muestra cómo se siente Dios cuando nos quejamos.) Cuando las esposas tienen problemas con sus esposos, el ingrediente principal que casi siempre falta en sus vidas es la *gratitud*. Cuando usted le pide a una esposa que haga una lista de las cualidades loables de su esposo, usualmente no se acuerda de *ninguna*. Sólo se ha preocupado de mencionar las cosas malas y se ha olvidado de alabarlo y agradecerle por las cosas buenas. Cuando Dios menciona a esposos y esposas en la Escritura, siempre comienza con la *mujer* (Col. 3:18-19; Ef. 5:22-25; 1 P. 3:1-7). La mujer es a menudo *la clave* del matrimonio (Pr. 14:10). La mayoría de los hombres no pueden responder a Dios hasta que la actitud de sus esposas para con ellos sea la correcta (Tito 2:5). Dios siempre enfrenta las actitudes de los subordinados primero. Un hombre sabe cuándo el corazón de su esposa le resiste. Malas actitudes, ingratitud y descontento son las tres áreas donde las mujeres tienen más problemas en sus matrimonios. Si se trabaja en estas áreas, el matrimonio cambiará totalmente. ¡Pruébelo y verá!

* **Introversión de espíritu** (Ser introvertido es recluirse en uno mismo, constante cavilar o estar absorto en pesares o heridas). La introversión está conectada prácticamente a todos los desórdenes mentales y emocionales. El espíritu y el alma se hunden dentro de sí mismos a tal punto, que hasta los órganos del cuerpo también se comprimen. Esto explica por qué nos sentimos sofocados o tenemos dificultad al respirar. La introversión de espíritu causa que nuestros ojos no vean lo que está delante de ellos, sino que miren hacia atrás; hacia el pasado. Esto es una mirada vidriosa y perdida en el espacio. Por lo tanto, es imperativo que las personas dejen de concentrarse en *ellas mismas* y en sus pesares, y que miren a las necesidades de otros. La mayoría de los desórdenes emocionales y mentales son el resultado del *egocentrismo*, una concentración en el YO. Hace poco aprendí que las espinas son en realidad *hojas introvertidas*, ¡son resultado de la caída! Las espinas y la *introversión* son resultados de la caída -¡algo que Dios quiere desenrollar!

* **Vergüenza, timidez.** Jesús se rehusó a esconder Su rostro de las injurias y esputos (Is. 50:6; Hch. 5:41). Esta es una muestra de *verdadera* fortaleza. En el Oriente, la vergüenza y la humillación en cualquier grado, es razón para suicidarse. ¡Pero el suicidio es sólo una "salida", unas señal de debilidad! La timidez puede venir del orgullo, pues es el temor a ser expuestos, temor de cometer un error, o de ser lastimados. La timidez y excesiva preocupación por lo que otros piensan de uno son ataduras de las cuales Dios quiere liberar a los suyos, y el orgullo puede ser la causa de estas cosas. Pídale a Dios gracia para vencer la vergüenza y la timidez (2 Ti. 2:1).

* **Escepticismo, pesimismo y negativismo.** La incredulidad es la madre de estos problemas. (Pueden ser hereditarios, pídale a Dios que le liberte de la atadura de este espíritu y mentalidad.) También las personas que no están obedeciendo a Dios, tienen problemas con la incredulidad al igual que Israel en el desierto (He. 3:12; 11:6). Dios está en contra de un *"corazón malo de incredulidad."* Practique decir algo positivo cuando esté rodeado de tinieblas (Ap. 12:11). *Escoja* ver el lado bueno. ¡Y sobre todo, sea obediente!

* **Excusas.** "Y todos a una comenzaron a excusarse" (Lc. 14:18-20). Las personas le darán todas las razones por las cuales no van a la iglesia y no hacen la voluntad de Dios. Pero lo que el hombre llama *razones,* Dios llama *excusas.* No habrá excusas delante del trono de Dios en el Día del Juicio. Todos entendemos la naturaleza humana bastante bien. Sabemos que la gente hace lo que realmente *quiere hacer* y encontrará el tiempo y la forma de hacerlo. Y para lo que realmente *no* quiere hacer, encontrará excusas.

* **Evasividad, racionalización.** Hay cristianos que tienen la mentalidad de un abogado deshonesto. Ellos buscan pequeños tecnicismos en la Biblia para justificar los pecados que desean practicar. Pero Dios quiere que veamos la Palabra de Dios con un corazón honesto y creyente. Permitamos que la Palabra de Dios cambie nuestro corazón, en vez de distorcionar la Palabra de Dios para hacerle decir lo que queremos que diga (Mt. 5:19; Pr. 30:3-6; Ap. 22:18-19; 2 P. 3:16)

El rey Saúl era evasivo. Cuando joven, lo encontraron *escondido en el bagaje* (1 S.10:22). Esto indicaba su carácter y su futuro como rey. El nunca podría afrontar un asunto directamente. En Primera Samuel 15, el profeta tuvo que confrontar a Saúl repetidamente con su actuación para que reconociera que no había hecho la voluntad de Dios.

* **Aplazar decisiones.** (Dejar todo para el futuro). "Si oyereis *hoy* su voz", no mañana (He. 3:7; 2 Co. 6:2). *"Hoy* es el tiempo aceptable, *hoy* es el día de salvación" (Mt. 24:44; Pr. 3:28; 24:33; Ef. 5:16; Is. 55:6). La actitud que dice "algún día lo haré" puede destruirnos. Tal vez nunca terminaremos lo que aplazamos hoy. Lo que practicamos se convierte en un estilo de vida. ¿Está consciente de que la *negligencia* a la voluntad de Dios es tan peligrosa como el *rechazo* de Su voluntad (He. 2:3, Col. 4:17), y que los pecados de *omisión* son tan serios como los pecados *cometidos?* Por ejemplo: No enseñarle a nuestros hijos a servir al Señor es un pecado de *omisión*.

* **Indecisión, vacilación.** (Incapacidad de decidir, o una inclinación a cambiar de parecer frecuentemente; ser voluble u oscilar de un lado a otro; ser fluctuante e irresoluto.) Esta es característica de un hombre de doble ánimo. No puede pensar rectamente porque está atrapado entre dos deseos (Stg.1:6-8). El resultado es la inestabilidad. Dios reprendió al pueblo de Israel a través del profeta Elías, diciendo: "¿Hasta cuándo *claudicaréis* vosotros entre dos pensamientos?" (1 R.18:21). Algunos creyentes nunca llegan a comprometerse con una iglesia o a establecerse en la voluntad de Dios debido a la *indecisión*. No gaste su vida yendo de allá para acá. ¡Pídale a Dios un corazón dispuesto a hacer su voluntad a cualquier costo! Los temores pueden impedirle a un hombre tomar una decisión. Dios puede darnos gracia sobre el espíritu de indecisión. Jesús tenía una mente decidida. El declaró: "Por eso puse mi rostro como un pedernal, y sé que no seré avergonzado" (Is. 50:7).

¡Aprenda a terminar lo que empieza! No deje un proyecto a medias para comenzar otro y luego otro. Jesús es el autor y consumador de nuestra fe. El Señor siempre termina lo que comienza, Dios quiere que hagamos lo mismo (He.12:2; 1 S. 3:12; Zac. 4:9). ¡Termine lo que empieza! Si hace de esto un hábito (terminar lo que empieza), ¡también terminará el trabajo de su vida, su misión en esta tierra!

* **Crítica, injuria, denuncia, burla, sembrar discordia.** (Pecados de la lengua). La mayoría de los pecados que cometemos son con la lengua. La lengua es el miembro más poderoso de nuestro cuerpo, ya que los asuntos del *espíritu* brotan de aquí. El poder de la vida y de la muerte está en la lengua. Dios demanda que nuestras conversación sea corregida *antes* de librarnos de nuestros problemas (Sal. 50:23). Una manera segura de perder a nuestros hijos en el mundo es criticar a la iglesia y al pastor. Cuando nuestros hijos escuchan críticas día a día, sus corazones se cierran y se decepcionan de la iglesia, pierden la fe en el ministerio y se van al mundo. Tenerlos en un colegio cristiano no los salvará, a menos que haya realidad en el hogar. Muchos jóvenes de colegios cristianos terminan en el mundo, especialmente si los padres no son *transparentes* en el hogar. ¿Cuántos niños o jóvenes conoce, que están caminando con Dios, cuando sus padres no lo están? ¡Casi ninguno! ¿De qué hablamos en nuestro hogar?

* **Lujuria, impureza, deshonestidad** (Apetitos desordenados.) Casarse no controla la lujuria. Si la lujuria no es conquistada antes del matrimonio, aún será un problema después del matrimonio. Muchas personas que buscan pornografía o actividad sexual en las calles son casadas, no solteras. La lujuria no puede satisfacerse (Ez.16:28-30), debe ser arrancada del corazón. La lujuria es falta de templanza; se alimenta con constantes meditaciones incorrectas, lectura de libros incorrectos, programas de televisión inmorales. También la alimentamos al oír música con contenido sucio, al frecuentar lugares incorrectos con personas incorrectas y al no pasar tiempo en la presencia de Dios, buscando nueva llenura del Espíritu Santo. "Andad en el Espíritu, y no satisfagáis los deseos de la carne"(Gá. 5:16). Las relaciones premaritales crean conflictos en el matrimonio tales como *sentimientos de culpa, falta de confianza y falta de respeto*. Es incorrecto agitar pasiones en un novio o en una novia que no pueden ser lícitamente satisfechas. Que nuestra meta sea ser totalmente honorables durante los días de noviazgo. ¡El noviazgo es la *base* para el resto de nuestras vidas!

No tiene que pasar toda su vida atormentado con lujuria. La experiencia de Romanos 6:6, estar muerto al pecado, puede romper el poder y el dominio de la lujuria en su vida. Busque a Dios diligentemente para tener un encuentro con El en la cruz. Dios puede detener lo que le está arrastrando.

La manera en que una mujer se viste afecta tremendamente al hombre (la forma en que un hombre se viste no afecta tanto a la mujer como la de la mujer afecta al hombre.) Por eso una mujer de Dios debe vestirse de tal manera que atraiga la atención a su rostro, y no a otras partes de su cuerpo. La modestia siempre está de moda (1 P. 3:3-4). Pedro dice que el atavío interno de una mujer (un espíritu afable y apacible) es mucho más importante que su atavío externo (cuidar de su cabello y tener ropa bonita). Sin embargo, él no está diciendo que el arreglo externo no sea importante.

* **Esnobismo**, conciencia de clase. (Mirar por encima del hombro a otros, un sentimiento de superioridad.) El apóstol Pablo dijo: "Porque el que se cree ser algo, no siendo nada, a sí mismo se engaña"(Gá. 6:3; Job 40:12). "Antes bien con humildad, estimando cada uno a los demás como superiores a él mismo"(Fil. 2:3; Ro.12:10; 12:16). ¿Por qué tendríamos que sentirnos superiores a otros? Todo, absolutamente todo lo que tenemos nos ha sido prestado por Dios (1 Co. 4:7).

* **Fanatismo, inmoderación**, (Excesos, extremos). Hasta lo bueno puede llevarse a extremos: las comidas que comemos o nos abstenemos de comer, no cuidar el cuerpo o cuidarlo demasiado, convicciones, estilos de vida, etcétera. Lo que Dios desea es equilibrio. Pablo dijo "El que lucha como atleta, no es coronado si no lucha legítimamente [o conforme a las reglas" (2 Ti. 2:5; 1 Co. 9:25). Cualquiera que esté lleno de celo (entusiasmo), debe manejar su fervor con mucha prudencia. El extremismo puede ser dañino en cualquier cosa. Hasta es posible excedernos en los asuntos espirituales.

Muchas personas sinceras llegan a *"fundirse"* tratando de servir con todas sus fuerzas al Señor, otras han terminado con un ataque de nervios o sus hogares destruidos. Un hombre puede perder su matrimonio y sus hijos debido a que no pasa tiempo con ellos. Cuando un hombre pierde su familia, también ha perdido su testimonio y su ministerio. ¡Recuerde, sea moderado!

* **Comprometer los principios, deslealtad, infidelidad.** Comprometer las convicciones es ser desleal e infiel a las verdades que Dios nos ha confiado. Somos mayordomos (encargados) de Sus misterios. ¿Seremos fieles a las verdades que El nos ha revelado? Si somos fieles, Dios nos dará más. Pero si no lo somos, entonces Dios nos quitará lo que tenemos (1 Co. 4:1-2; Mr. 4:24-25). Dios es un buen economista; El no confiará sus misterios y tesoros a creyentes que los toman ligeramente. Proverbios 23:23 amonesta: "Compra la verdad

y no la vendas." El hombre que no ha pagado un precio por las verdades que conoce, realmente nunca las apreciará, y las dejará por cosas sin valor. ¿Cuánto le han costado las verdades que sabe?

* **Adulación, lisonja** (una trampa, un anzuelo). Animar a alguien que está deprimido es una bendición. Pero la lisonja va más allá de eso y no proviene de motivos correctos. La adulación espera algo a cambio. Nunca adule para recibir algo a cambio, ni acepte que le adulen. Cuando le adulen o alaben, *desvíelo* hacia otros y hacia Dios. Es más fácil lidiar con críticas y rechazos que con la adulación. La adulación infla nuestro ego y nuestro orgullo. Esto puede llevarnos a una caída terrible. Aprenda a agradecerle a Dios por las críticas y por aquellos que no le aprecian. (2 Co.12:6-10; Pr. 7:5; 2 S.15:1-6).

* **Envidia, celos.** (La envidia es el temor a ser *reemplazado,* sentimientos de infelicidad e intranquilidad causados por no tener algo que otros tienen.) Raquel envidiaba a Lea porque ésta tenía hijos, y ella era estéril (Gen 30:1). Fue la envidia lo que clavó a Cristo en la cruz (Mr.15:9-15). La envidia es la sospecha y el temor de cualquier clase de rivalidad. La envidia demanda lealtad absoluta (1 S.18:7-9). La *envidia* quiere algo que otro posee. Los *celos* quieren ser inigualables y sin competencia. La *competencia* y la *comparación* están en el fondo de los celos y esto viola la Palabra de Dios.

El Señor nos insta a través de Pablo a no compararnos y medirnos con otros (2 Co. 10:12). Primero que todo, lo más importante en nuestra vida debe ser glorificar a Dios, no que nosotros llamemos la atención. Las Escrituras nos exhortan a estimar a otros *más* que a nosotros mismos y preferir a otros antes que a nosotros mismos (Fil. 2:3; Ro. 12:10). Tener promesas personales de Dios es otra arma en la batalla contra la envidia y los celos en nuestra vida. Esto evita que pongamos la mirada en lo que tienen los demás (Jn. 21:21-22). Pidámosle a Dios promesas *personales.*

* **Miedo, fobia, ansiedad, histeria, alarmismo, preocupación.** "Busqué a Jehová y él me oyó, y me libró de todos mis temores" (Sal. 34:4). Los temores no son de Dios, sólo nos detienen de hacer la voluntad de Dios (2 Ti. 1:7, 1 Jn. 4:18). Los temores se originan de muchas fuentes y pueden existir por muchas razones. Dios tiene una respuesta para cada uno de nuestros temores, y El anhela dárnosla. ¡El temor *no es* nuestra porción! El temor es una emoción del alma y el alma no debe gobernar, sino sujetarse a nuestro espíritu y al Espíritu Santo. La mayoría de las esposas tienen muchos temores y necesitan la comprensión y la oración de sus esposos para ayudarles a vencer los obstáculos. Las mujeres son exhortadas en la Biblia a ser *sobrias y prudentes*; esto significa que deben conquistar la histeria, la ansiedad y el alarmismo. (Tito 2:4; 1 Ti. 2:9; 2:15; 1 P. 3:6).

Muchas veces Dios usará a una esposa para hablarle al marido pero cuando ella está *fuera de control* con histeria o alarmismo entonces distorsionará lo que Dios está diciendo y el corazón de su esposo se cerrará y será incapaz de recibir lo que ella está tratando de decir.

Dogmatismo - (Opinión propia) El dogmatismo es afirmar arrogantemente que la opinión propia es la autoridad, sin evidencia que lo respalde. Dios reprendió a Job por "multiplicar sus palabras sin conocimiento". Job habló autoritativamente acerca de asuntos de los cuales sabía poco o nada. ¿Suena esto familiar? (Leer Sal.131:1-2; Job 34:35; 35:16; 38:2; 42:3; 1 Co. 8:2). Hasta que Dios abra nuestro entendimiento, no sabremos absolutamente nada (Dan. 2:30). Necesitamos una mente humilde (1 P. 5:5).

* **Orgullo** - El orgullo es nuestro mayor problema. No tenemos ninguna razón por la cual estar orgullosos porque:

• Fuimos creados por otro. Vinimos como infantes desvalidos sin ninguna voz ni voto en el asunto (Job 38:4).

• Tenemos una naturaleza pecaminosa y caída, la cual no podemos cambiar. No nos podemos hacer justos a nosotros mismos. (Jer.13:23).

• No tenemos habilidad alguna o poder en nosotros mismos (1 Co. 4:7; Stg. 1:17; Juan 3:27). Toda habilidad viene de Dios.

• No podemos controlar nuestro destino o futuro, no nos podemos entender ni guiarnos a nosotros mismos (Jer. 10:23).

* **Justicia propia**- Job, tratando de encontrar falta en Dios y ninguna en él, se hizo más justo que Dios (Job 35:2). Y Dios le habló acerca de esto (Job 40:2). Toda justicia o bondad que poseamos viene de Dios. Así que, no tenemos de qué gloriarnos, ni derecho a mirar por encima del hombro a los demás. Leer Lucas 18:9-14.

* **Autorrechazo**- Puede ser tan malo como autoexaltarse. Los creyentes necesitan confianza en sí mismos y concepto de su propia valía así como Jesús los tuvo. Jesús no tenía complejos ni sentimientos de inferioridad. En 1 Co. 12:15-16, Pablo expone la actitud del autorrechazo o sentimiento de inferioridad. "Debido a que no soy tan importante como aquel otro, no sirvo para nada". Esta mentalidad inhibe a las personas de usar sus

dones y hacer *algo*. Pero esto es también pecado de *comparación*. 1 Corintios 12:21 se va al otro extremo de complejo de superioridad —"Soy tan importante que los demás son innecesarios".

* **Indiferencia, dureza, apatía.** (Falta de interés de algo; la actitud de "no me importa") Mientras que un cristiano no debe ser controlado por genio, emociones o histeria. Dios no quiere que vayamos al otro extremo y que nos volvamos duros, sin emociones o estoicos. Ser indiferentes o apáticos es un resultado del endurecimiento del corazón y de cerrarnos a otros. Dios quiere volver a encender una nueva llama en nuestros corazones, hacia nuestro llamamiento, familia, pareja y hacia *El*. Si no tiene amor, entonces Dios puede *crear* amor en usted. El es el Creador (Col. 4:17; Ap. 2:4; 3:15-20).

* **Inhibiciones, timidez, retraimiento.** (Esto nos detiene de hacer la voluntad de Dios) Jeremías se sintió inhibido, pero Dios le dijo: "No digas: Soy un niño; porque a todo lo que te envíe irás tú, y dirás todo lo que te mande". Jer. 1:7-10; Ex. 4:10-12. Cualquier cosa que nos constriña gradualmente perderá su dominio mientras obedecemos al Señor, dando un paso de fe en las cosas que El nos diga que hagamos. Hay gracia (capacitación divina) para todo lo que Dios nos pida hacer. (2 Ti.1:7) Se gana confianza cada vez que obedecemos a Dios.

* **Demasiada seriedad, falta de sentido del humor.** Dios está descansado, en paz. El no está nervioso, deprimido o demasiado preocupado. El es un Dios de gozo y tiene un gran sentido del humor. El gozo del Señor es nuestra fortaleza. Satanás acosa a las personas que tomen la vida y a sí mismos demasiado en serio. Satanás, sin embargo, tiene dificultad en arrastrar a un creyente que está lleno de *gozo*. No sólo un buen sentido del humor es necesario para una buena salud espiritual y emocional, también es una de la cualidades más importantes y deseables, que un hombre o mujer busca en su pareja. Permita que Dios traiga las circunstancias correctas y las personas correctas a su vida para crear un equilibrio cristiano perfecto entre el gozo y la sobriedad (Ec. 3:4).

* **Egocéntrico-** (Absorto en las necesidades de su YO) Pablo dice: "Porque todos buscan lo suyo propio (intereses), no lo que es de Cristo Jesús" (Fil. 2:21). El remedio es dar pasos prácticos para dejar de tener los ojos en *nosotros mismos* y ponerlos en otros y en sus pesares. Practique orar por otros, pensar en ellos y servirles. Aprenda a poner primero a otros. Visualice como se sienten los demás y póngase en sus circunstancias. Alabar al Señor también cambia el enfoque en nosotros mismos hacia El. Por esta razón el hombre se beneficia más *dando* alabanza, que Dios *recibiéndola*.

* **Contención -** (Proverbios 13:10). "*Ciertamente* la soberbia concebirá contienda". El orgullo está en el fondo de los argumentos y debates. Cuando hay un punto muerto entre dos personas, seguramente hay un problema de orgullo. El orgullo siempre quiere salirse con la suya y tener la última palabra ¡Y no cede! Se necesitan *dos* para una pelea —así que, cuando hay un argumento, somos parte del problema—. Allí debe de haber orgullo no crucificado. El libro de Job está lleno de disputas entre buenos hermanos. El *orgullo espiritual* de todos aflora.

* **Ira, enojo -** El enojo aparece cuando nuestros *derechos* son pisoteados, pero cuando nuestros derechos son rendidos a Dios, el enojo cesa. Entréguele a Dios sus más queridas pertenencias: su hogar, automóvil, ropa, reputación y hasta el derecho de ser amado y entendido. Pelea y amargura vienen cuando nuestros derechos son violados. Dedique sus derechos a Dios. Y recuerde que cada injusticia es una bendición disfrazada (Gn. 50:20). La vida de Jesús estuvo llena de injusticias, pero El nunca demandó justicia. Sus derechos fueron entregados a su Padre, quien juzga justamente, y éste fue su secreto de victoria. Jesús no tuvo problemas de enojo (1 P. 2:21-23; Ef. 4:31-32; Col. 3:8; Stg.1:19-20; Salmo 37:8; Pr. 14:29; 15:1; 16:32).

* **Lástima propia -** ("Pobre de mí".) Según Pablo, nuestras tentaciones y batallas son *comunes,* no importa cuán extraordinarias parezcan (1 Co. 10:13). Sería bueno saber cuán frustrados y solitarios se sienten otros. ¡Tal vez sus luchas son peores que las nuestras! Un paso hacia adelante para conquistar la lástima propia es, primero, reconocer que todos están sintiendo las mismas cosas que nosotros. Así que al pasar tiempo ministrando a otros, nuestras propias frustraciones y tristezas podrían ser aliviadas. Cristo no derramó lágrimas por sus propios pesares, pero derramó gotas de sangre por los nuestros.

* **Amargura, resentimientos, odio.** (Odio: tener gran disgusto; Amargura: odio en silencio; Resentimiento: tener malos sentimientos debido a una ofensa; falta de perdón: no darse por vencido, sino tratar de vengarse). Son sinónimos que tienen cada uno su propio significado. Pero todos tienen un significado en común: el deseo de aferrarse a sentimientos malignos. Por lo tanto, Dios tiene que hacer una obra redentora profunda en nuestros corazones para que seamos capaces de librar a las personas de todas las ofensas que nos han hecho. Dios es capaz de darnos un nuevo corazón de carne y quitarnos el de piedra. El divorcio acontece debido a

un corazón endurecido que no puede seguir perdonando o cediendo. (Mt.19:7-8) Todos necesitamos un corazón nuevo y tierno (Ez. 11:19-20; 36:25-27).

* **Hipocresía** - (Fingir ser lo que uno no es.) ¡La hipocresía es estar ciego! (Mt. 7:1-5; Ro. 2:1). "tú que juzgas... haces lo mismo". "No juzguéis, para que no seáis juzgados".

Jesús condenó la hipocresía muchas veces. Cuán paradójico es que un hombre critique a otro por algo que él es hasta más culpable. Cuando usted y yo somos demasiado ásperos con otro, tal vez deberíamos pedirle a Dios que nos muestre si estamos ciegos a la misma falta que condenamos en otro.

* **Engaño, mentira, falsedad, manipulación-** Todas tienen el mismo denominador común. El motivo es obtener algo para sí mismo y protegerse a sí mismo. ¡No pierda su tiempo reprendiendo a Satanás! Estas cosas pueden estar en el corazón sin que Satanás ni los demonios tengan que ver con ello. Rebeca era culpable de todo esto. Rebeca enseñó a su hijo Jacob a actuar engañosamente a espaldas de su padre, al igual que ella hizo (Gn. 27). Ella era una manipuladora y enseñó a su hijo a ser igual. Jacob sufrió el resto de su vida debido al proceder torcido que ella le enseñó. Rebeca nunca más vio a su hijo favorito después del escándalo de Génesis 27. Una manera segura de arruinar un buen matrimonio es repitiendo las acciones de Rebeca. Dios odia el engaño pero ama a aquellos que practican hablar la verdad. En efecto, los santos que van a estar más cerca del Señor en el cielo, son aquellos en cuya lengua no fue hallado engaño (Ap.14:5; Sal.120:2; 2 P.1:16; Pr. 8:7-8; Col. 3:9).

* **Inestable, cambiante, voluble, informal, indigno de confianza** (Judas 1:13) "Estrellas errantes" Las estrellas son usadas para encontrar una posición geográfica. Son consecuentes año tras año. Pero las estrellas fugaces son erráticas, moviéndose sin rumbo alguno. Dios dice que algunas personas son como estrellas fugaces -(inconsecuentes, irregulares, indignas de confianza). Dios quiere hombres y mujeres que sean confiables y estables para que otros puedan encontrar su camino viendo la vida de ellos. Dios no puede elevar a alguien en una posición vital de liderazgo si es indigno de confianza e irresoluto (Stg.1:6-8; Pr. 24:21; He.13:9; Sal. 15:4).

* **Impetuoso, impulsivo, precipitado.** (Que actúa sin pensar, impetuoso, alguien que es fuertemente arrastrado por sus impulsos.) Es lo opuesto a alguien que toma su tiempo para pensar las consecuencias de lo que él está a punto de hacer. Aprenda la gracia de pensar bien las cosas. (He.12:1; Sal. 27:14; 37:7-8). Hombres como Moisés y Jeremías tomaron su tiempo para escuchar lo que Dios les diría acerca de situaciones que debían encarar. (Lev. 24:12; Jer. 42:5-7). La impulsividad del joven Pedro causó dolor al Señor y a él mismo.

* **Pereza, haraganería, desaseo-** Esto puede ser un espíritu que es pasado de generación en generación. Puede mover a algunas personas de un gueto (favela, barrio pobre) a unos apartamentos muy bonitos, pero pronto ese lugar se convertirá en un barrio de chabolas. Sin embargo, Dios es capaz de limpiar y liberar a las personas de este espíritu malo. La haraganería y el desaseo son lo opuesto a la naturaleza de Dios. Nuestro Señor Jesucristo era limpio, aunque era pobre en lo material. Y era bien disciplinado, derramó su vida por otros (Is. 53:12). Dios detesta la pereza y a menudo la condena en Proverbios. Un hombre perezoso nunca atesora nada en el reino de Dios (2 Ts. 3:10-13).

* **Filosofías, razonamientos, humanismo.** (Ideas del hombre). Estos provienen de mentes orgullosas e independientes que han rechazado la Palabra de Dios (Ro.1:21-32; 2 Co.10:4-5; Ro. 8:7; Col. 2:8; Abdías 1:3.) Muchos de los antiguos filósofos griegos que son tan alabados hoy en día, eran homosexuales. Así que nunca debemos abrazar la filosofía de los antiguos griegos o cualquier otra filosofía que contradiga la palabra de Dios. ¡Por favor no vayas a la universidad a estudiar filosofía humana!

* **Favoritismo, parcialidad.** (Gn. 25:28). "Y amó Isaac a Esaú ... mas Rebeca amaba a Jacob". El favoritismo dividió su hogar. El favoritismo es amor carnal, amor dictado por *preferencias*. (Me gusta su personalidad, apariencia, etcétera, más que cualquier otra cosa.) El amor divino es sin egoísmo, acepta y ama a las personas tal como son (1 Co. 13:5; Stg. 3:17).

Parlero, charlatán. Esto es una violación de la Palabra de Dios y falta de autocontrol. "Todo hombre sea pronto para oír, tardo para hablar..." (Stg. 1:19; Sal. 39:1; Pr.10:19; 29:11). Aprende a ser un buen oyente. Es mala conducta interrumpir una conversación y cambiar de tema sólo porque algo que dijo el que está hablando recordó otra cosa. Deje que finalice. Seamos corteses y esperemos nuestro turno para hablar. ¡Los buenos oyentes acumulan sabiduría!

* **Insomnio.** Aunque puede ser un problema físico, a menudo es un problema espiritual. Viene de no tener reposo en la mente, el espíritu y el alma. Las pastillas sólo son un alivio superficial. ¿Cuáles son algunas razones reales del insomnio? Preocupación, tensión, temores, malos sentimientos, llevarse el trabajo a casa,

meditar en algo que le ha herido. ¿Ha perdonado? ¿Es demasiado competitivo? ¿Son los motivos de su corazón correctos? ¿Está la preocupación crispando sus nervios? (Sal. 37:1; Pr. 3:24; Sal.127:2, 4:8; Mt.11:28-29). Algunos doctores estiman que 90% de sus pacientes se van sin que su problema *real* haya sido curado. Pueden recetar pastillas que sólo ayudarán a aliviar algo de la pena porque la raíz del problema no ha sido tocada porque es *espiritual*. ¡Así que es en la Iglesia donde tenemos las verdaderas soluciones y respuestas!

* **Deudas.** (Ro.13:8) "No debáis a nadie nada, sino el amaros unos a otros". Las deudas son un signo de un problema espiritual aunque hay tiempos en que la voluntad de Dios nos permite que pasemos por períodos de escasez (Fil. 4:12). La deuda nacional de muchos países es astronómica. Esto es un indicio de mala administración, despilfarro, gasto excesivo, indisciplina, mal juicio, y violación de muchos otros principios espirituales. Dios desea librar a cada uno de nosotros de la esclavitud de las deudas. Las deudas nos impiden hacer la voluntad de Dios. *Como manejemos el dinero determinará si tendremos éxito en el ministerio o como un cristiano* (Lc.16:10-11). Ralph Mahoney, fundador del "World Map Outreach" estaba en una campamento cristiano que entrenaba a jóvenes misioneros muchos años atrás. Su tarea en particular era cocinar, y le pidió a los dieciocho jóvenes que apartaran de su mesada, $2 a la semana para las misiones. Sólo 2½ respondieron. Cuando el servicio nacional contra incendios de bosques, entró en huelga, los jóvenes fueron contratados por $40 diarios, para apagar incendios forestales. Ralph pensó: "Bueno, ahora todos van a poder dar sus $2. "*Ninguno respondió* (sólo los 2½). El resto estaban comprando cañas de pescar, rifles, guitarras y cámaras fotográficas. El señor Mahoney hizo un comentario con mucho humor, pero doloroso. El dijo: "¿Cuántos de ellos creen que están hoy día en el ministerio? ¡Sí, adivinaron! ¡Dos y medio!

* **Avaricia, acumulación de riquezas.** (Egoísmo, tacañería.) Dios mismo es un dador—"Más bienaventurado es *dar* que recibir" (Hechos 20:35). Pero al contrario, la naturaleza caída guarda para sí misma. Los *dadores* son las personas más felices del mundo pero los avaros, los más infelices. ¿No es irónico que los avaros que tratan de buscar la felicidad a toda costa, sean los más infelices del mundo? Esto es debido a que no saben que están violando un sinnúmero de las leyes de la creación (Pr. 11:24; 13:7; Lc. 6:38; Is. 58:7-11; Lucas 6:38). Pero los cristianos que son avaros con su dinero reciben pocos avivamientos en sus vidas. Así que, el creyente que anhela prosperar en su vida espiritual, aprenda a ser un *buen dador*.

* **Dominante, ambicioso.** (Deseo desordenado, querer tener todo bajo control, incluyendo las vidas de los demás). Lucifer quería ser Dios y gobernar el universo (Is. 14:12-14) Nuestro motivo debería ser *servir* a Dios y a los demás. (Leer 1 P. 5:3; 2 Co. 1:24; 1 R. 12:7.) "El que de vosotros quiera ser el primero, será siervo de todos" (Mr. 10:43-45).

* **Demandante, retador.** Nunca demandemos que Dios u otro haga algo por nosotros. Una naturaleza demandante sólo *cosecha* ira, cuando no se cumple lo demandado. (La ira y la voluntad propia van de la mano— (Gn. 49:6; Tito 1:7) . Nunca debemos demandarle a Dios una explicación por lo que está haciendo y nunca rete su sabiduría por la forma en que le ha guiado. Job criticó a Dios por la manera en que El permitió que las circunstancias llegaran a su vida. Israel retó y tentó a Dios en el desierto. Es correcto *preguntar*, *apelar o pedir*, pero nunca demandar o retar a Dios. Dios solamente muestra gracia a los de actitud humilde. ¡Nuestra actitud es lo que cuenta! (Job 38:2-4; 40:2; Num. 14:2-3).

* **Falta de modestia, jactancia.** Ya que fuimos creados por otro y no tenemos poder en nosotros mismos, y ya que todo nos fue dado por otro, no tenemos razón alguna para jactarnos. Si lo hacemos es porque el engaño nos ha invadido, nos olvidamos que no somos más que polvo (Gn.18:27; Jer. 9:23-24; 1 Co. 4:7, Gal. 6:3).

* **Frialdad, frigidez, personalidad cerrada.** Un retraimiento, separación de nuestro espíritu de otro). Esto puede dañar una relación y ciertamente impide que una relación se desarrolle. Sin hablar, puede decirle a alguien: "¡Fuera de mi vida!" Algunas familias son muy cerradas y no expresan sus verdaderos sentimientos o lo que piensan. A otras les falta calor y ternura y toman cualquier expresión como "muy personal". Pero creo que Dios quiere que su pueblo derribe el muro de frialdad y que aprenda a ser más abierto y transparente con los demás 1 Jn. 3:14 dice: "Nosotros sabemos que hemos pasado de muerte a vida, en que amamos a los hermanos" (1 Jn.1:7 Col. 3:12; Pr.18:24; Ro.12:10; 1 P. 3:8; Ap. 3:20). La frigidez en la relación matrimonial es casi siempre un problema espiritual, sentimientos endurecidos, temores, sentimientos de culpa o inseguridad. Cuando estos problemas espirituales son solucionados hay libertad para mostrar calor y amor. La unidad no se inicia en lo físico sino en el espíritu (la misma mente, metas y la supersensibilidad resueltas). La gente no necesita terapia sexual para aprender como tocar o responder uno al otro. El problema es espiritual. Por lo tanto, los hombres y las mujeres deben ir a Dios por respuesta, no al mundo.

* **Infatuación.** (Fantasía, una forma de engaño.) La infatuación significa ser inspirado y controlado por la pasión hasta el punto de ser privado de la razón o del sano juicio. Cuando esto ocurre, el individuo es

gobernado por su alma en vez de su espíritu, por la emoción más bien que por la verdad. Pida a Dios que le muestre cómo ve él las situaciones y a las personas, antes que dejarse guiar por sus sentimientos. *Los ojos y las emociones pueden ser totalmente engañosos* (Pr. 4:23). La infatuación puede llevar a uno a hacer elecciones desastrosas y decisiones que son irreversibles. Mucha cautela y oración deben ejercerse en estos asuntos cruciales de la vida (Jn. 7:24).

* **Irracionalidad.** (Mostrar poco sentido o juicio.) El extremo de esto es una mente reprobada la cual es incapaz de hacer un juicio recto. Una mente confundida es una maldición de Dios a la desobediencia y maldad (Ro.1:28). La habilidad de *saber y escuchar lo que es correcto* es un don de Dios. No podemos discernir lo bueno de lo malo por nuestra cuenta (Dt. 29:3-4; Pr. 20:12; 11:14; 26:16). Ser irrazonable es un problema espiritual, un problema del corazón, ya que el corazón que está dispuesto a hacer la voluntad de Dios entiende lo que es bueno y discierne los asuntos (Jn. 7:17; Mt. 5:8). Pídale a Dios que le libre de esta maldición de ceguera y de no ser enseñable. Pablo oró para ser librado de hombres irrazonables (corruptos de entendimiento, irreconciliables) (2 Ts. 3:2).

* **Duda, incredulidad.** Estos son los resultados horribles de no obedecer a Dios y endurecer el corazón. Cuando Dios habla, El espera y desea que nosotros recibamos lo que El dice con toda confianza, no cuestionando o retando. ¡El es digno de confianza! Si no confía en Dios, El permitirá que alguien llegue a su vida; alguien que no le tenga confianza, sólo para ayudarle a ver cómo se siente El. Duda e incredulidad son problemas del corazón. (Mr. 6:51-52; 16:14; He. 3:8:12; He.11:6).

* **Brutalidad.** (Irracional, incivilizado, salvaje) La Escritura llama irracionales a todos los que rechazan la Palabra de Dios y su corrección. Y también tendrán las características de un animal. "Más el que aborrece la reprensión es ignorante" (o como un animal) (Pr. 12:1; Sal. 92:6; 94:8; Jer. 10:8,14,21). Algunas veces cuando un hombre de Dios cae en pecado, se vuelve como un animal, porque se ha resentido contra la corrección y la ha rechazado.

* **Rebelión** (Resistencia declarada a la autoridad.) El hombre *nace* con rebelión. "Porque el intento del corazón del hombre es malo desde su juventud" (Gn. 8:21). El doctor James Dobson dice que la única cosa que no se le debe tolerar a un niño es la *rebelión*. Usted puede ser indulgente con la irresponsabilidad de un niño, (Juanito olvidó sus libros en el autobús y olvidó sacar la basura, etc.) pero hay que tratar con la rebeldía desde la infancia o crecerá y arruinará su futuro. Es mucho más fácil doblar un arbolito (de uno o dos años) que tratar de enderezar un árbol viejo (de ochenta años). Así que trate con el asunto inmediatamente.

* **Borrachera y otras "salidas".** Drogas, alcohol, mundo de fantasías y adulterio son todos intentos por *nublar* la mente a la realidad (Pr. 20:1). Son un escape a los sentimientos o situaciones que no queremos encarar. Y no los podemos encarar sin ayuda divina. Un cristiano lleno del Espíritu Santo tiene gracia disponible para ayudarle a vencer estas ataduras. Por lo tanto cuando estos hábitos continúan derrotando a un cristiano, es porque él no se ha apropiado de la gracia que está disponible o la ha rechazado y ha escogido evadir las verdaderas cuestiones que tiene delante.

En Isaías 22:11-13, la gente había preparado un túnel para un canal de agua, en espera de un largo asedio. Dios había levantado un enemigo y lo estaba enviando contra Israel para captar su atención y se volvieran a El. Dios les estaba llamando a llanto y arrepentimiento. Pero, ¿qué hicieron? En vez de volverse a Dios, ellos vieron la triste situación y dijeron: "Comamos y bebamos que mañana moriremos!" La gracia liberadora está disponible, pero a menudo las personas prefieren no encarar los problemas o rehúsan arreglar algo que está mal en sus vidas (Jer. 18:11-12). Sí, las drogas y el alcohol claman por liberación de Satanás, pero Satanás ha ganado entrada debido a un problema en el corazón. *La condenación de Dios para el hombre nunca se debe a los problemas o pecados del hombre, sino por haber éste rechazado* **la respuesta**. Leer Juan 3:19.

* **Anorexia.** Esta también es una atadura diabólica, pero el problema real se concentra en el corazón. La anorexia está enraizada en una baja autoestima, temor de ser feo o gordo, temor de ser rechazado. Pero además las personas no se aceptan de la manera que Dios las hizo y están criticando la obra de Dios. Alguien dijo: *"Criticando el diseño, es criticar al diseñador"*. Muchas personas quisieran ser y verse como otros, y esto puede estar enraizado en el orgullo y la vanidad. Los cristianos deben aceptarse de la forma en que Dios los hizo y no compararse con otros (2 Co.10:12). Dediquémonos a hacer la voluntad de Dios glorificándole con el cuerpo y el alma que él nos ha confiado por Su sabiduría.

* **Apostar.** Esta es una obsesión. Es *el fruto* de vivir en un mundo de sueños. *"La próxima vez ganaré y seré rico"*. Dios no creó al hombre y le dio vida para obtener algo sin ningún esfuerzo, pero sí para que se ganara el pan diario con el sudor de su frente. Dios quiere que nosotros pongamos nuestra confianza en *El,* no en la

lotería. (Sal. 62:5) "Alma mía, en Dios solamente reposa, porque de él es mi esperanza". Apostar es poner la atención en expectativas erróneas, un deseo de éxito inmediato sin trabajar. No es la manera de Dios.

* **Glotonería.** (Inmoderación, falta de templanza). La gula puede ser un problema espiritual. Las personas tienden a excederse en comer cuando están solas o deprimidas. Dios quiere remediar la raíz de la soledad y tristeza. Tampoco sea un glotón en recibir adulación, especialmente de líderes (Pr. 23:2, 3, 8). Vomitarás lo que has comido.

* **Maldecir, vocabulario incorrecto.** Pedro maldijo cuando se encontró bajo presión y temor. Romanos 3:14-18 nos muestra las razones principales porque las personas luchan con este problema. 1.) Amargura 2.) Sin paz en el corazón 3.) Falta del temor de Dios. Romanos 3:14 relaciona el maldecir con la amargura. Por lo tanto toda *amargura* debe ser sanada. Romanos 3:17 dice que las personas que maldicen no conocen el camino de la paz. Un *corazón emproblemado* es la raíz de toda maledicencia. Dios quiere darnos nuevas victorias en paz. Romanos 3:18 declara que no hay temor de Dios en las personas que maldicen. Una nueva reverencia a Dios es la clave vital para controlar este problema.

* **Tendencia a accidentarnos.** Probablemente sea la obra de un espíritu maligno que debe ser atado y echado fuera. Algunas personas estropean casi todo lo que tocan. Necesitan liberación. Considere estas promesas: Pr. 3:23; 4:12; Sal. 1:3; 91:11-12.

* **Robo.** (Tomar lo que no es nuestro.) El robo invita a otros males a venir al corazón. Una persona que roba también *mentirá* para encubrir la acción. El robo es uno de los pecados cardinales de los últimos días (Ap. 9:21). Judas era un ladrón y esto lo llevó a entregar al Señor. En Tito 2:10 dice: Que no se debe hurtar (B.d.L.A.), lo cual es robar en pequeña escala. Llevarse cosas pequeñas causa una ruptura en el carácter que lleva a tomar cosas más grandes. Hay muchas formas de robar. Absalón se robó el afecto del pueblo adulándole (2 Samuel 15:1-6). También, tomar el crédito por algo que pertenece a otra persona es robar.

* **Encontrando faltas en todo.** (Fil. 2:14). "Haced todo sin murmuraciones [hallar faltas] y contiendas". Jesús siempre fue criticado por esta clase de personas (Mt. 23:23). Estas personas son hipócritas porque son culpables de las mismas cosas que critican (Mt. 7:1-5; Ro. 2:1). En vez de encontrar faltas, tratemos de edificar a otros por destacar sus rasgos positivos.

* **Susceptibilidad.** (Lev. 21:20) Si un hombre tenía "sarna" (muy sensible) estaba descalificado para entrar al Lugar Santísimo. Areas no sanadas y puntos muy sensibles nos hacen reaccionar con vehemencia y pecar. Permita que Dios trate con las áreas demasiado sensibles de su vida.

* **Descontento.** El contentamiento es un don de Dios para los santos (Ec. 2:26) y para aquellos que han aprendido a prescindir de muchas *cosas* para ser felices. David se concretó a una sola cosa: su deseo por el Señor. El encontró gozo completo en la presencia de Dios (Sal.16:11; 27:4; 1 Ti. 6:6; Fil. 4:11-12). El contentamiento puede *aprenderse*. Dios nos ha dado todo lo que necesitamos para nuestra felicidad presente. Si no podemos estar satisfechos con lo que tenemos, entonces nunca estaremos satisfechos con lo que queremos. La infelicidad nunca se ha debido a falta de cosas. La infelicidad es un corazón que necesita ser más atraído por el amor y la presencia de Dios. ¡Y señoras, una casa nueva *no* es la clave para la felicidad!

• • • • •

CUESTIONARIO
(Páginas 66-75)

130) ¿En qué forma el prejuicio es una falta de sabiduría? _____

¿En qué forma el prejuicio es una imprudencia? _____

¿En qué forma el prejuicio es lo opuesto al amor? _____

131.) La soledad es la necesidad de más amor humano ¿VERDADERO o FALSO? ¿Es el matrimonio la solución para la soledad? _____

132.) La culpabilidad no es una función del cerebro, es un problema en el espíritu del hombre. La única manera de ser librados de la culpabilidad es a través de: _____

133.) Un perfeccionista necesita tener todo de la forma que él quiere, por tanto: (Escoja una) a.) Es muy difícil vivir con una persona así. b.) No tolera a las personas ni las circunstancias. c.) No camina en victoria d.) No es como el Señor. e.) No es capaz de someterse a las preferencias de otros. f.) No puede alcanzar la perfección cristiana. g.) Todas las anteriores.

134.) El desánimo es el resultado directo de: _____

135.) ¿En qué están basados los sentimientos de inseguridad y de inferioridad? _____ ¿Es posible tener áreas de orgullo y arrogancia, y a la vez, tener sentimientos de inferioridad? _____
¿Qué es cinismo? _____

136.) ¿A quiénes se dirige Dios primero, a los que están en autoridad o a los que están bajo autoridad? ____

137.) El espíritu introvertido produce. (Escoja una de las siguientes) a.) Concentración en uno mismo. b.) La persona se retrae y se aparta. c.) La persona es absorbida por el dolor o por una herida. d.) El espíritu y el alma se hunden en sí mismos. e.) Los órganos del cuerpo se contraen, se tensan y se sofocan. f.) Los ojos no pueden centrar su atención en lo externo sino solamente en lo interno. g.) Todas las anteriores.

138.) Cuando las personas no obedecen a Dios ni guardan sus mandamientos, la incredulidad entra a los corazones como sucedió con el pueblo de Israel en el desierto. ¿VERDADERO o FALSO? Lo que el hombre llama *razones*, Dios lo llama: _____

139.) ¿Qué buscan los abogados torcidos, y aun algunos cristianos, para tergiversar la verdad obvia? _____ ¿Qué rey en el Antiguo Testamento "estaba escondido entre el bagaje?, y nunca enfrentó los problemas cara a cara? _____

140.) Los pecados de omisión pueden ser tan serios como los pecados que cometemos. Desatender la verdad y rechazar la verdad pueden ser igualmente perjudiciales o dañinos. ¿VERDADERO o FALSO?

141.) La indecisión es provocada por el doble ánimo o por los temores. ¿VERDADERO o FALSO? Jesús estaba determinado a hacer la voluntad de Dios. ¿Qué dijo en Isaías 50:7? _____

142.) ¿Qué es lo más fundamental para nuestros hijos? a.) Una escuela cristiana. b.) Una buena **iglesia.** c.) **Un hogar** lleno de orden y paz.

143.) La mayor parte de personas que buscan relaciones ilícitas o pornografía son solteras. ¿VERDADERO o FALSO? La concupiscencia nunca puede ser saciada, debe ser sacada del corazón. ¿VERDADERO o FALSO? ¿Cuáles son los conflictos que ocasionan, posteriormente en el matrimonio, las relaciones premaritales? _____ _____ _____

144.) La manera de vestir de una mujer estimula a un hombre aun más de lo que la manera de vestir de un hombre afecta a una mujer. ¿VERDADERO o FALSO?

145.) La inmoderación (hacer algo exageradamente)» puede ser peligroso y perjudicial. ¿VERDADERO o FALSO? Escriba los dos versículos en los que Pablo exhorta a los creyentes a permanecer sujetos (o con los límites debidos), y ser templados en todo. _____

146.) ¿Nos confiará Dios más verdad y más revelación si no hemos sido fieles a lo que ya nos ha dado? ___

147.) La lisonja: a.) Alaba más de lo necesario (exageradamente); b.) Desea obtener algo a cambio; c.) Ambos.

Página 76 ✶ *Victoria*

148.) La envidia y los celos son alimentados grandemente a través de la comparación problema de comparar. ¿Qué versículo nos dice que no debemos compararnos con otros? _____

149.) Defina la palabra dogmático. _____ ¿Qué hombre multiplicó sus palabras sin sabiduría?_____¿En qué salmo David declaró que no había andado en cosas demasiado sublimes para él? _____

150.) Justicia propia significa: *¡Yo me he hecho a mí mismo justo!* Pero toda bondad o justicia que poseemos viene de Dios. ¿**VERDADERO o FALSO**? ¿Qué hombre encontró fallas en Dios, y no encontró ninguna en sí mismo? _____

151.) Rechazarnos a nosotros mismos puede impedir que hagamos la voluntad de Dios. ¿**VERDADERO o FALSO**? Un creyente no debe ser dominado por sus emociones o por su histeria, por tanto, debe endurecerse y no mostrar ninguna emoción. ¿**VERDADERO o FALSO**?

152.) Si somos temerosos, ¿cómo podremos ganar confianza? _____ _____ ¿Cuál es una de las cualidades más importantes y más deseables que un hombre o una mujer busca en su cónyuge? _____

153.) Adorar al Señor nos ayuda a quitar nuestra atención de:_____¿Qué hay en el fondo de las contiendas? _____ ¿Cuál es la razón principal de la ira o el enojo? _____

154.) Nuestras luchas en la vida, a pesar de ser muy difíciles, no son insólitos o poco comunes. ¿**VERDADERO o FALSO**? ¿Qué tienen en común la falta de perdón, el odio, el resentimiento, la amargura y el rencor? _____

155.) ¿Qué madre en la Escritura le enseñó a su hijo a engañar y a mentir, y a engañar a espaldas de su padre? ¿Quién obtendrá el lugar más alto en el cielo y estará más cerca del Señor? _____

156.) Espiritualmente, ¿qué quiere decir estrellas errantes? _____ _____ ¿Qué libro de la Biblia habla a menudo en contra de la pereza y la holgazanería? _____

157.) Humanismo, brevemente definido quiere decir: _____, Muchos de los antiguos filósofos griegos que hoy en día son alabados y citados con gran frecuencia eran: _____

158.) El insomnio es generalmente un problema físico. ¿VERDADERO o FALSO? Las deudas son una señal de problemas espirituales. ¿**VERDADERO o FALSO**? El dinero es algo del mundo, como manejamos el dinero no tiene mucha relación con la vida espiritual. ¿**VERDADERO o FALSO**?. Los cristianos que son tacaños, generalmente, no progresan espiritualmente. ¿**VERDADERO o FALSO**?

159.) La frigidez en el matrimonio se deriva de problemas escriturales como _____

160.) ¿Cómo le llama la Escritura al hombre que aborrece la represión? (Proverbios 12:1) _____ ¿Qué actitud en particular no debemos dejar pasar en un niño?_____

161.) Dios nunca condena al hombre por sus pecados o problemas, Su condena viene porque _____ _____

162.) La anorexia se deriva de: a.) Un concepto negativo de sí mismo. b.) Temor de ser rechazado. c.) Una crítica de la manera en que Dios lo creo. d.) El deseo de ser como otra persona. e.) Todas las anteriores.

163.) La apuesta es una obsesión. Es el fruto de: _____

164.) Maldecir e insultar son el producto de tres cosas, ¿cuáles son?_____

165.) Robar causa una ruptura en el carácter. Robar nos lleva a mentir y a cometer otros pecados. ¿**VERDADERO o FALSO**? ¿Qué quiere decir defraudar? _____

166.) La susceptibilidad nos lleva a: _____

167.) El contentamiento es un don de Dios, pero el contentamiento también es impartido a aquellos que han aprendido a prescindir de una multitud de *cosas* para ser felices. ¿**VERDADERO o FALSO**? Si no somos felices con la provisión que Dios nos ha dado hoy, no seremos felices cuando obtengamos las cosas que *deseamos*. ¿**VERDADERO o FALSO**? La infelicidad no viene por una falta de cosas, es una necesidad de más:_____

NUESTRAS ARMAS

En esta sección, trataremos de contestar tres importantes preguntas.

1.) **¿Cuál es exactamente nuestra** *herencia?*

2.) **¿Cuáles son los** *enemigos* **que deben ser desplazados para poder obtener nuestra herencia?**

3.) **¿Cuáles son las** *armas* **que usaremos en contra de estos enemigos?** (2 Co.10:3-5)

Ya hemos abordado las primeras dos preguntas. Ahora veremos la tercera. ¿Cuáles son las armas que usaremos en contra de estos enemigos? Estos enemigos, como ya se ha dicho, son intangibles. Así que nuestras armas deben también ser intangibles y espirituales. Porque estamos batallando contra malos pensamientos, motivos falsos, dureza del espíritu, heridas, traumas y espíritus obscuros que nublan las mentes de los hombres. A continuación se describen algunas de las armas espirituales que usaremos.

El Nuevo Testamento está lleno de expresiones militares —"Pelea la buena batalla de la fe; No tenemos lucha contra sangre y carne; Ceñid vuestros lomos; He peleado con bestias en Efeso. Las armas de nuestra milicia no son carnales; compañeros de prisión que combaten juntamente, y otras expresiones similares". Así que un cristiano debe encarar el hecho de que está en guerra contra otro reino. Cuando un creyente es pasivo y no resiste a Satanás, no obtendrá ninguna victoria para él o para otros. Y por eso es absolutamente esencial ser violento (agresivo), si no nuestra herencia no podrá ser tomada (Mt. 11:12). Israel también tuvo que pelear por la tierra de Canaán (Jos. 1:3). Desafortunadamente consintieron en morar con los enemigos debido a su flojera (haraganería) (Jos.18:3; Jue. 1:21, 27, 29-34).

1. INTERCESION—(Batallas en el Espíritu Santo.) Pablo dijo: "Porque las armas de nuestra milicia no son carnales, sino poderosas en Dios para la destrucción de fortalezas, derribando argumentos y toda altivez que se levanta contra el conocimiento de Dios, y llevando cautivo todo pensamiento a la obediencia a Cristo" (2 Cor. 10:4-5). Nuestra batalla es contra engaños y malos espíritus que están cegando las mentes de los hombres (2 Co. 4:3-4). Hay un velo espiritual sobre las mentes de las personas, y no les es posible recibir lo que está siendo predicado. ¡Así que la prédica no es suficiente! La prédica debe estar precedida de intercesión, por semanas o a veces meses.

La intercesión hace varias cosas:

A. La intercesión es Dios mismo que habla a través de nosotros en contra de Satanás y los poderes de las tinieblas. Mientras intercedemos debilitamos y atamos a espíritus inmundos que ciegan a nuestros oyentes. Debemos martillar y herir a estos espíritus repetidamente por meses, sea con represiones fuertes o en otras lenguas, ya sea en español o ambos (Ef. 6:12; 1 Co.15:32). La intercesión quita el velo que cubre las mentes de las personas, para que sean capaces de tomar una decisión por Cristo (Is. 25:7).

B. La intercesión también trae convicción a nuestros oyentes. El poder del Espíritu Santo muestra a las personas dónde están mal. La intecesión trae convicción y temor de Dios. ¡Voy por el camino equivocado, voy directo al juicio!

C. La intercesión trae vida y poder. En el campo misionero es fútil sólo predicar. La prédica debe ser precedida por mucha oración. Las mentes de las personas están cegadas por las fuerzas satánicas, y por generaciones de supersticiones, tradiciones y filosofías mundanas. Estos obstáculos plagaban a las personas que Pablo predicaba. Pablo peleaba contra esto con oración, y luego les presentaba la verdad. ¡Sus resultados fueron sorprendentes! Algunos misioneros han dicho: "Toma generaciones para que nuestra gente cambie, porque ellos están muy metidos en tradiciones y supersticiones". Pero, ¡Dios es mayor que estas cosas! Pablo visitaba campos misioneros muy difíciles. El oraba poderosamente contra estos poderes malignos que imperaban (otros luchaban junto con él en oración (2 Co.1:11; Fil. 4:2-4) y luego predicaba. Dios convencía y cambiaba. Pablo tuvo resultados tremendos en sólo unos años. En diez años tenía iglesias florecientes en muchas partes del mundo. Pablo nunca concibió la idea de que tomaría generaciones para que estas personas cambiaran.

La intercesión también es necesaria para traer madurez a los creyentes. Pablo dijo que sufría dolores de parto hasta que Cristo pudiera formarse totalmente en las vidas de los Gálatas inmaduros (Gá. 4:19). El oró día y noche fervientemente por los nuevos creyentes de Tesalónica, para que la deficiencia espiritual que tenían fuera llenada (1 Ts. 3:10). También sentía gran conflicto y presión mientras intercedía por la iglesia de Colosas (Col. 2:1).

2. LA PALABRA DE DIOS— (La espada del Espíritu -Efesios 6:17). Satanás siempre le ha tenido miedo a la espada cortante de dos filos y a aquellos que la manejan con pericia. La Palabra de Dios es la luz que expone al enemigo (Sal.119:130). La Palabra de Dios, cuando está ungida, nos muestra qué está mal en nuestros corazones y qué hacer acerca de ello. Jesús venció a Satanás con la Espada. (Mt. 4:4,7,10). Asegúrese de que su espada esté afilada y que conozca bien las Escrituras.

3. LOS DONES ESPIRITUALES— Los nueve dones del espíritu mencionados en 1 Corintios 12:7-11 son verdaderas armas que dan al creyente una ventaja sobre nuestro adversario. El don de la palabra de ciencia revela lo que está atando a una persona y nos advierte también de las cosas por venir (Hechos 11:28). La palabra de sabiduría nos enseña cómo responder en cualquier situación. El discernimiento de espíritus expone la fuete de las manifestaciones espirituales para que no seamos engañados. Los milagros (actos de poder) son la habilidad para sacar espíritus inmundos. Satanás puede ser reprendido fuertemente con el don de lenguas. Las profecías nos muestran dirección, esperanza y promesas, y nos definen los verdaderos motivos de nuestro corazón. Pablo dijo que las profecías personales nos ayudan a militar buena milicia (1 Ti. 1:18). La fe vence al mundo y a Satanás (Ef. 6:16; 1 Jn. 5:4). Y los dones de sanidad deshacen las obras del diablo (Hechos 10:38).

4. TODOS LOS FRUTOS DEL ESPIRITU— (Gálatas 5:22-23). Cada uno de los nueve frutos del Espíritu son fuerzas. La paz nos capacita para no ser conmovidos por los asaltos y mentiras, sino a poner a Satanás bajo nuestros pies (Ro.16:20). Sin paz el enemigo gana terreno. ¡El gozo es nuestra fortaleza! El gozo es el amortiguador en contra de la lástima propia y la falta de perdón, y mantienen a Satanás alejado, Satanás no puede desmoralizar o desalentar a un cristiano que esté lleno de gozo. La templanza nos ayuda a disciplinarnos y a controlar nuestros apetitos y emociones. Satanás gana terreno en aquellos que son inmoderados. Todos los frutos del Espíritu son fuerzas, y por lo tanto una defensa poderosa.

5. BUEN COMPAÑERISMO CRISTIANO— (He.10:25; 3:13). El compañerismo cristiano es una de las armas que más teme Satanás. Satanás tiene miedo de grupos cristianos que estén estrechamente unidos. Pero espera devorar a aquellos que están solos, los solitarios. El compañerismo nos mantiene equilibrados, creciendo y protegidos. Pero la estrategia de Satanás es dispersar al rebaño y luego caer sobre los solitarios y devorarlos. Estar solo no es escritural y es peligroso, el enemigo habla mucho con los solitarios. Comparta sus revelaciones y cosas que siente que Dios le ha mostrado con líderes piadosos, los que Dios ha puesto sobre usted (Pr. 24:6): "En la multitud de consejeros está la sabiduría". Traiga las cosas a la luz. El enemigo arma trampas a los solitarios dándoles revelaciones cuestionables y luego los mantiene atrapados diciéndoles que no las compartan porque los demás no las entenderían.

6. ALABANZA, ADORACION, GOZO -Nos liberan de las inhibiciones. Temores, timidez y sobreprotección del yo, son los enemigos que nos apartan de hacer la voluntad de Dios y de ser un testigo para Cristo. "Porque no nos ha dado Dios espíritu de cobardía, sino de poder, de amor y de dominio propio".

(2 Ti. 1:7). Palmear o aplaudir, alabar, adorar y una danza genuina delante del Señor, nos libera de las ataduras de la timidez y el orgullo, a una nueva apertura de espíritu para con Dios. El Señor habita en las alabanzas de su pueblo. La presencia de Dios habita entre un pueblo que se regocija. Y donde está el Espíritu de Dios hay libertad (2 Co. 3:17). Gozo y regocijo son armas mortales contra Satanás. Satanás se goza en estar alrededor de aquellos que son negativos, criticones y amargados. Es alimento y compañerismo para él. Pero se queda a distancia de aquellos que están llenos del gozo de Dios. Satanás no tiene gozo y odia a las personas que tienen gozo. ¡Es saludable estar gozoso y alegre!

En una ocasión los demonios estaban hablando a través de personas que estaban poseídas y decían: "¡Odiamos cuando los cristianos empiezan a palmear, cada aplauso es un gran golpe para nosotros!"

También el asunto de la danza está convirtiéndose en asunto de controversia en la Iglesia. Todos nosotros estamos conscientes de que para cada buena cosa que Dios tiene hay falsificación de parte del diablo. Y en la Iglesia de hoy hay una infiltración de nuevas formas y estilos de danzas en los servicios. Danzar no es malo. Hasta el Señor tenía la capacidad de regocijarse y expresarse físicamente (Sof. 3:17). Y el rey David danzó delante del Señor con todas sus fuerzas (2 S. 6:14-15). Es, pues, escritural danzar delante del Señor. Pero la danza debe ser para el Señor, una expresión espontánea de gozo para El. La danza no debería de ser legislada. Nunca debería atraer la atención hacia nosotros mismos, ni debe ser espectáculo de entretenimiento. La danza genuina delante del Señor, nos libera de muchas ataduras (orgullo, temores, timidez, sobreprotección del yo). Hace algunos años hubo un avivamiento en el instituto bíblico en el cual yo era un maestro residente. El Señor se movió y el Espíritu nos guió a danzar delante del Señor. Fue verdaderamente sorprendente ver los ministerios que nacieron en esta atmósfera de avivamiento, muchos estudiantes fueron librados de las ataduras y profetizaron con libertad. Durante este tiempo el Espíritu Santo habló claramente diciendo: "Les estoy dando el poder sobre serpientes y escorpiones mientras dancen delante de mí."

La danza genuina en el Espíritu es verdaderamente un arma en contra de Satanás, y significa liberación espiritual. Satanás odia el entusiasmo, el gozo y el regocijo delante del Señor.

7. MUSICA UNGIDA— La música correcta es la gran clave que libera el espíritu de profecía, que trae liberación de ataduras, sanidad y la manifestación de los dones del Espíritu (2 R 3:15-16; 1 S. 16:14-23). Si la música correcta trae liberación, entonces la música incorrecta trae ataduras. La música ha sido corrompida por Satanás y él usa la música para alejar a las personas de Dios y atraerlas hacia él. ¡El reino de Satanás es promovido por la música! El anticristo atraerá adoración hacia él a través de música ungida falsificada (Daniel 3:1-7; Ap.13:8).

Si es un músico, consagre su don al Señor y pídale su ayuda para tener una unción pura. Casi toda la música de hoy está mezclada con la del mundo. Recuerde que la música correcta es un arma poderosa en contra de Satanás (Salmo 144:1). "El Señor adiestra mis dedos para la guerra". Dedos ungidos en las teclas y en las cuerdas, pueden traer gran liberación. Por lo tanto pídale ayuda a Dios para tocar con destreza (Salmo 33:3).

8. LOS SACRIFICIOS CORRECTOS— (Haciendo los sacrificios correctos vencemos a Satanás. Job ofreció el sacrificio de gratitud cuando había perdido todo (Job 1:19-21). ¡Esto fue un duro golpe para Satanás! Satanás pensó que Job se iba a poner en contra de Dios y que lo maldeciría. Job salió victorioso de las circunstancias y de Satanás cuando ofreció el sacrificio de gratitud. El sacrificio de obediencia (respondiendo a lo que Dios está señalando) es otra manera de golpear a Satanás (Jer 7:22-23). Cada vez que obedecemos a Dios lastimamos a nuestro adversario. El sacrificio de obediencia es un sacrificio que Satanás no puede hacer. En efecto, Satanás no puede hacer ninguno de estos sacrificios. En Sal. 51:17 hay otro sacrificio: el sacrificio de un espíritu quebrantado y un corazón tierno y rendido es el resultado de muchos actos de obediencia. El sacrificio de un espíritu quebrantado capacita al creyente para destruir a Satanás el cual tiene un corazón duro y amargado. Sólo tenemos la autoridad sobre Satanás, cuando rehusamos actuar como él. Por la gracia de Dios, ofrezca los sacrificios correctos y destruya a su adversario.

9. JUSTICIA— Efesios 6:14 nos habla de la coraza de justicia. La justicia es la coraza que guarda nuestro corazón de los espíritus inmundos que vienen contra nosotros. Sin la coraza podríamos ser asaeteados o heridos por el enemigo y otros deseos impuros y lascivias podrían entrar. La justicia protege nuestros corazones. Cuando un cristiano no está viviendo justamente, está sin protección y vulnerable a muchos dardos del maligno. Debe de ser muy cuidadoso de a dónde va y con quién anda. Satanás tiene el derecho de condenarnos y entrar en nosotros cuando no estamos viviendo correctamente (Hechos 5:3). La justicia mantiene la condenación fuera de nuestros corazones y nos hace fuertes y valientes en contra de Satanás (Pr. 28:1). No se exponga a los ataques de Satanás por no tener la protección de la coraza de justicia en su corazón. Jesús estaba ceñido con justicia y Satanás se cansó tratando de encontrar una sola entrada en su vida. (Jn.14:30; Is.11:5).

10. CONFESIONES CORRECTAS— (Ap. 12:11) Satanás es vencido por la palabra de nuestro testimonio, por lo que confesamos. Lo que confesemos con nuestra boca es extremadamente importante. No acepte ni confiese los sentimientos que Satanás le da —temores, dudas, malos sentimientos) o los llegarás a poseer. ¡Uno posee lo que confiesa! También debemos tener cuidado con lo que le decimos a Dios y de Dios. Caleb y Josué dijeron: " Si Jehová se agradare de nosotros, él nos llevará a esta tierra y nos la entregará", pero los demás dijeron: "¡Ojalá muriéramos en la tierra de Egipto; o en este desierto, ojalá muriéramos! ¿Y por qué nos trae Jehová a esta tierra para caer a espada?" (Números 13:30; 14:8; 14:2-3).

Después de escuchar esto por dos años, Dios finalmente habló y dijo: "Vivo yo, dice Jehová, que según habéis hablado a mis oídos, así haré yo con vosotros. En este desierto caerán vuestros cuerpos" (Num.14:28-29). Dios dio a cada cual lo que confesó. Caleb y Josué entraron en la tierra, el resto murió en el desierto.

Jonás luchaba con sus sentimientos de falta de perdón en contra de Nínive y los asirios, debido a su crueldad extrema contra Israel y otras naciones. Jonás no quería predicarles, quería que fueran juzgados. Luego de cierta *persuasión*, Jonás finalmente llegó a Nínive y predicó. ¡Y lo que él temía que sucediera, sucedió! Nínive se arrepintió y Dios cambió su decisión acerca del juicio. ¡Jonás estaba furioso! Sin embargo, escuche el testimonio y confesión de Jonás hacia Dios: *Yo sabía que cambiarías tu decisión, porque sabía yo que tú eres Dios clemente y piadoso, tardo en enojarte, y de grande misericordia, y que te arrepientes del mal* (Jonás 4:2). De acuerdo con lo que Jonás dijo de Dios, fue como Dios trató con él. "Como tú has hablado a mis oídos, así haré contigo". Dios tuvo gracia y misericordia y fue lento para la ira. Fue muy bueno con Jonás, y muy paciente también. Dios tratará con nosotros de acuerdo con nuestra confesión de El. Así que diga las cosas justas y ciertas *de* El, *a* El.

Es importante **no** decir cosas como estas: "Este va a ser un día terrible" "No hay esperanza" o "Las cosas nunca mejorarán". Confesiones como éstas son creativas y darán ocasión al enemigo para abofetearnos. Nuestra confesión diaria debe ser —"Este es el día que hizo Jehová, nos gozaremos y alegraremos en él" (Sal.118:24).

11. SABIDURIA Y PRUDENCIA— La sabiduría capacita al creyente para discernir las tácticas y motivos de Satanás. Pablo dijo: "No ignoramos sus maquinaciones" (2 Co. 2:11). La sabiduría nos ayuda a discernir los motivos de las personas. David se comportó sabiamente en la casa de Saúl (1 S.18:14). Este andar en sabiduría libró a David de numerosas ocasiones en las cuales sus enemigos lo querían matar. La sabiduría de Dios es mayor que la de Satanás. Así que la sabiduría de Dios nos ayudará a tener victoria sobre Satanás. (1 Co. 2:6-8; 1:25). El espíritu de sabiduría es un don que Dios le da a los que le buscan como es debido (Stg.1:5-8).

12. FE— (La fe del Hijo de Dios, no la nuestra). La fe es alimentada por una relación íntima con el autor y consumador de nuestra fe, y por responderle a El cuando nos habla. La obediencia no lleva a la fe. La fe es un *don* y un *fruto*. El fruto de la fe es un arma defensiva, y el don de la fe es un arma ofensiva contra Satanás. El escudo de la fe apaga todos los dardos de fuego del maligno (Efe. 6:16). El escudo es un arma defensiva, este escudo es el fruto de la fe. Nos defiende a través de tiempos difíciles y oscuros, de dudas y temores que vienen contra nuestra mente. Es el pensamiento de Job que dice en medio de su dura prueba: "Aunque él me matare, en él esperaré". El *don* de la fe es un arma ofensiva. Este tipo de fe mueve montañas. Manda a que las situaciones cambien (Mr.11:23). La fe vence al mundo.

• **Busque ser lleno del Espíritu (Esté abierto a manifestaciones espirituales que traen gozo.) Orar en el Espíritu fortalece al creyente y lo edifica. Estar lleno del Espíritu nos ayuda a vencer las debilidades de la carne. Recuerde, la unción rompe todo yugo (Isa. 10:27). Por lo tanto adiéstrate en ser lleno del Espíritu Santo (Judas 1:20; Ef. 5:16; 1 Co. 14:4,18; Gá. 5:16).**

CIRCUNCISION

Un mensaje del Espíritu en esta hora

CIRCUNCISION— Cortar la carne, separación de la impureza. Espiritualmente es cortar de nosotros la naturaleza adámica pecaminosa con la que nacemos, (deseos naturales, inclinaciones y manera de pensar natural).

INCIRCUNCISION— Representa impureza. Significa que la *carne* con la que nacemos todavía no ha sido tratada. —la vieja naturaleza con sus deseos, hábitos, mentalidad y reacciones malas

---

No hay herencia sin circuncisión

CIRCUNCISION— Se refiere a una obra espiritual que es hecha en nuestros corazones por la Espada (o la Palabra de Dios). Hasta en el Antiguo Testamento Israel se daba cuenta de que la circuncisión física tenía implicaciones espirituales profundas (Dt.10:16; Jer. 4:4). "Circuncidaos a Jehová y quitad el prepucio de vuestro corazón." Ellos entendían que representaba un acto de redención del espíritu del hombre.

(Gn.17:7-14). Para que Abraham y sus descendientes recibieran su herencia, tuvieron que ser cincuncidados. Su herencia era una tierra física—Canaán. La nuestra es espiritual—un llamado, un ministerio, una posición en el Reino, un lugar cerca del Señor. Pero sin la circuncisión, no hay posesión de la herencia. Para que heredemos todo lo que Dios tiene para nosotros debemos estar totalmente circuncidados. Debemos permitir que el filo de la Espada corte cualquier área de suciedad y otras áreas donde todavía estemos *naturales*. La espada tiene un propósito en particular, y es *cortar la carne* y *destruir nuestros enemigos*.

Muchos no le han permitido al Señor que los circuncide con el filo de la Espada. Estas áreas de incircuncisión se convertirán en la caída del hombre cuando a él comience a llevar algún fruto significativo. (Es posible entrar en algo de nuestra herencia y luego perderlo). Nuestra seguridad está en una total circuncisión y santidad. Nada es más saludable que la obra total de la Espada en nuestras vidas por el Espíritu.

• (Exodo 4:19-26). Dios envió a Moisés a Egipto para conducir a los israelitas a Canaán, su herencia. Teniendo en mente que los israelitas tenían que ser cincuncidados para poder heredar la tierra. Moisés trató de llevarlos a la herencia aun cuando su propia familia no estaba circuncidada, y Dios se enojó contra él. La circuncisión no era una realidad en su propio hogar. Moisés estaba violando su propio mensaje. Su propio hijo no estaba circuncidado y Dios estaba a punto de juzgarlo por no practicar lo que estaba predicando. ¡La circuncisión es un asunto serio para Dios!

• (Josué 5:2-9). Una generación después, cuando Josué estaba a punto de entrar con el pueblo a Canaán, su herencia, tuvieron que parar en Gilgal y circuncidar a la nueva generación. Porque no podían heredar las promesas de Dios si no estaban circuncidados.

• (Ezequiel 44:9). Uno no puede entrar totalmente en la presencia de Dios o en el Lugar Santísimo si no está circuncidado. El Señor mismo es nuestra herencia, y la *incircuncisión* impide un total acercamiento a su presencia (Sal. 65:4). Ezequiel 44:10-14 muestra qué pecado no limpiado en la vida de un ministro (incircuncisión en el corazón), podría excluirlo del Lugar Santísimo.

EVIDENCIAS DE UN CORAZON CIRCUNCIDADO

1. NO BUSCA LA ALABANZA DE LOS HOMBRES— (Ro. 2:28-29) "La circuncisión es la del corazón, en espíritu, no en letra; la alabanza del cual no viene de los hombres, sino de Dios." La circuncisión del corazón es una evidencia en las personas que están más preocupadas acerca de lo que *Dios* piensa de ellos que de lo que otros podrían pensar —estar conscientes de Dios más que de las personas—. Vergüenza y el temor de ser rechazado por ser identificado con Cristo es una forma seria de incircuncisión. Algunos hombres y mujeres no irán al cielo porque no están circuncidados en esta área en sus vidas (Jn.12:42-43). Es *natural* que nos avergoncemos de Cristo —nacemos con una mente natural e incircuncisa. Pero Dios quiere cortar esta naturaleza y esta atadura con su espada para que no nos avergoncemos de lo que las personas piensen o digan de nosotros. También no es escritural que busquemos los aplausos y aprobación del hombre. Deberíamos buscar solamente la aprobación de Dios. Algunas veces las personas no harán la voluntad de Dios o no se irán de la iglesia en que crecieron o al campo misionero porque están temerosos de ser malentendidos o rechazados por familiares y amigos. Esta atadura de incicuncisión impedirá que una familia obtenga la herencia que Dios tiene para ellos, a menos que la espada de la circuncisión sea bien recibida para cortar esta condición natural.

2. NO RESISTE AL ESPIRITU SANTO— (Hechos 7:51; Jer. 6:10). "¡Duros de cerviz, e incircuncisos de corazón y de oídos! Vosotros resistís siempre al Espíritu Santo". Un oído incircunciso significa que el oído espiritual está dañado porque el corazón tiene un problema —¡no está circuncidado!— Cuando el corazón ha experimentado la espada de la circuncisión el oído no es capaz de oír. El mensaje de Esteban no fue recibido por los israelitas o por Pablo inconverso, debido a la dureza que había en sus corazones. La dureza del corazón, necedad y terquedad en seguir con las tradiciones son las razones por las cuales no podemos oír. ¡Y todo esto por la incircuncisión espiritual! Cuando el Señor habla de tener oídos para oír, se refiere a un oído circuncidado que es resultado directo de un corazón circuncidado. Necesitamos un corazón tierno y dispuesto a escuchar. Nuestro corazón no debe ser duro ni resistir a Dios o a sus mensajeros. Nacemos con una resistencia en nuestros corazones. ¡Nacemos incircuncisos!

La tradición es incircuncisión. La tradición puede ser un estado mental que limita a Dios en lo que El quiere hacer ¡*Esta es la manera en que siempre lo hemos hecho, y no cambiaremos*! Pedro, un apóstol de gran estatura espiritual, estaba ciego en un gran área de su teología y estaba estorbando a multitudes de llegar a la iglesia. El Señor había dicho: "Predicad el evangelio a toda criatura bajo el cielo" (Marcos 16:15). Pero los primeros apóstoles, incluyendo a Pedro, sólo le predicaban a los judíos. Finalmente, después de unos diez años, Pedro y los demás apóstoles se dieron cuenta de que Dios quería que todos, judíos y gentiles, escucharan el evangelio (Hechos 10:28; 11:18).

3. ADORACION GENUINA, NINGUNA CONFIANZA EN LA CARNE— (Fil. 3:3-5).

"Somos la circuncisión, los que en espíritu servimos a Dios y nos gloriamos en Cristo Jesús, no teniendo confianza en la carne." Aquí hay otras tres evidencias de circuncisión del corazón.

"En espíritu servimos (adoramos) a Dios".

El Padre busca adoradores que le adoren en espíritu y en verdad (Juan 4:23). Hay algunos que ridiculizan el aplaudir, alzar las manos, regocijarse y danzar delante del Señor, y otras formas de adoración espiritual. Pero esto es incircuncisión. Es natural despreciar esto, pero no es espiritual. Estas manifestaciones del Espíritu son exactamente lo que Dios prescribe para que un hombre sea liberado de sus muchas ataduras espirituales.

"Y nos gloriamos (regocijamos) en Cristo Jesús". Regocijémonos, no sólo en lo que él está haciendo o cómo nos está usando en el ministerio. Regocijémonos en El, sólo por quién es El. Esta es una señal genuina de la circuncisión en el espíritu.

"No teniendo confianza en la carne." "Confianza en la carne", es jactarse de lo que uno puede hacer por sí mismo. Algunas veces los predicadores tienen tanto talento, carisma y personalidad que sienten que ya no necesitan buscar más a Dios, ¡entonces caen! Es casi una maldición para un hombre o mujer ser superdotado. Bendito es el hombre que siente necesidad de asistencia divina (Jn. 5:19, 30). ¡Todos los hombres que *dependen de* Dios oran ... son como Jesucristo. El no tenía confianza en lo que podía hacer por sí mismo, sin Su Padre celestial. A continuación, veamos algunos síntomas de la "confianza en la carne".

* Confianza en habilidades y talentos propios. 1 Co. 8:2; Gal. 6:3
* Carisma natural o personalidad atractiva. Ez.16:15; 28:17
* Yo puedo hacer que suceda. Yo tengo las respuestas. Jn. 5:30
* Mi mente lo puede lograr, puedo hacer que las cosas caminen. Pr. 23:4
* Lo puedo hacer por mí mismo. No necesito de otros. He.10:25, 1 Cor. 12:14
* Tengo discernimiento. Tengo intuición. Puedo leer a las personas. 1a. S.16:7
* Puedo diagnosticar los problemas de las personas—(espíritu de psicología). 1 R. 8:39
* Puedo saber si es o no verdad, por mi habilidad. Abdías 1:3
* Puedo tomar mis propias decisiones. Sé lo que es mejor. Jer.10:23
* Puedo ir allá, hacer dinero y planear mi futuro. Stg. 4:12-14
* Puedo predecir el futuro. Puedo interpretar la Biblia solo (a). Ef.1:17-18
* Entiendo cómo se mueve el Espíritu, he tenido miles de experiencias. Jn. 3:8
* He hecho esto por años. Sé lo que estoy haciendo. Lucas 4:4
* Conozco mi corazón, me entiendo a mí mismo. Jer.17:9
* Depender de experiencias pasadas. Jueces 16:20
* Todo esto es incircuncisión —y puede impedir que obtengamos nuestra herencia.

4. CAPAZ DE HUMILLARSE A SI MISMO, DE DECIR "YO ESTABA EQUIVOCADO". A los incircuncisos de corazón les es doloroso decir: "Estaba equivocado, cometí un error, perdónenme." Prefieren echarle la culpa a otro a admitir alguna falta o debilidad de su parte en vez de llevar la culpa. El que se ha apartado del Señor odia admitir: ¡He pecado! (Lv. 26:40-41). Los incircuncisos de corazón rehúsan aceptar cualquier clase de castigo o restricción por algún pecado cometido. (Dios espera que aceptemos represión o castigo por serios pecados). Cuando un ministro tiene una falla moral, él debería voluntariamente salir del ministerio para volver a ganar credibilidad y mostrarle a la iglesia que el pecado no ha de tomarse livianamente. Es mucho más serio cuando un *líder* cristiano cae que cuando cae un laico. Dios tiene normas más altas para un ministro que para un laico. Cuando un líder caído rehúsa la disciplina o restricción, no está totalmente arrepentido. Muestra que no ha sentido profundamente que el Señor Jesucristo y su iglesia hayan sido avergonzados. Está preocupado sólo porque su *posición* está en peligro.

Tres razones de castigo aun después de perdonar (Lv. 26:41)

1. Ayudar al ofensor a recordar. Las personas olvidan y *repiten* los mismos pecados una y otra vez. El castigo impuesto está allí para ayudarlos a recordar esa área de debilidad. (Recuerde, esa debilidad requiere atención especial.)

2. Como una advertencia para otros. Otros lo pensarán dos veces cuando ven los castigos. Esto inspira un temor santo en ellos.

3. El castigo crea carácter y gracia cristianos. Las restricciones y aflicciones de la disciplina después de pecar forman carácter cristiano. Aun cuando alguien está siendo castigado por algún pecado, los castigos hacen una obra redentora en el corazón. David tuvo castigos por sus pecados de adulterio y asesinato (2 S.12:10). Cada cosa que Dios hace es motivada por su misericordia.

Ejemplos escriturales de castigo

A. Moisés aceptó una restricción. (Dt. 3:26) Moisés no pudo entrar en la tierra prometida porque perdió el control y habló ásperamente al pueblo de Dios. Rompió un *tipo* eterno cuando golpeó la roca dos veces. Dios requiere *más* del liderazgo, especialmente de alguien que está tan alto como Moisés (Salmo 106:32-33).

B. David aceptó su castigo por adulterio y asesinato. (2 S.12:10) A David se le dijo: "No se apartará jamás de tu casa la espada". Sin embargo, tuvo victoria aun cuando estaba sufriendo. Dios hizo una profunda obra de gracia en su vida a través de sus aflicciones. No obstante, David reconoció que Dios no le dio el castigo que se merecía (Sal.103:10).

C. Ezequías aceptó el castigo por su orgullo después que reveló todos sus secretos a sus enemigos. (Is. 39:1-8).

D. Asa no aceptó una represión y castigo por confiar en el mundo por ayuda, en vez de confiar en el Señor. Dios le dijo a través del profeta:"Locamente has hecho en esto; porque de aquí en adelante habrá más guerra contra ti" (2 Cr.16:7-14). Asa se enfureció contra el profeta, pero haciendo esto, él estaba mostrando su enojo en contra del Señor, quien estaba hablando a través del profeta. Un área de su corazón no estaba circuncidada, manifestada por su gran resistencia y dureza contra el profeta.

> la verdadera circunción nos da la habiliodad de admitir nuestras faltas y fracasos, y nuestra necesidad de otros. NO es difícil para él decir:"Estaba equivocado". La verdadera circunción es humildad. Y el orgullo es incircunción (Le. 26:40-41)

5. HABILIDAD DE AMAR AL SEÑOR Y GUARDAR SUS MANDAMIENTOS — "Circuncidará Jehová tu Dios tu corazón, y el corazón de tu descendencia, para que ames a Jehová tu Dios con todo tu corazón y con toda tu alma" (Dt. 30:6-8; 10:16). El Señor dijo que él lo haría, pero debemos permitir que lo haga. ¡Cooperación de nuestra parte es requerida! También dijo que circuncidará los corazones de nuestros hijos. Dios comienza por los padres. En el Nuevo Testamento, Pablo implica que el verdadero significado de la circuncisión es "guardar los mandamientos de Dios" (1 Co. 7:19).

6. LEALTAD AL SEÑOR Y A SU PAREJA— (Jer. 4:4; 3:13, 20). Dios le dijo a Judá que él estaba casado con ellos, pero que ellos habían sido traidores por haberlo dejado de la misma manera que una mujer deja a su marido. Dios dijo en Jer. 4:4 que su problema era un corazón incircunciso. La deslealtad al Señor o al compañero matrimonial es debido a la incircuncisión, una dureza del corazón (Mt.19:8). La razón de todo divorcio y deslealtad es un corazón duro, un corazón que no ha sido circuncidado. La dureza del corazón es la inhabilidad de perdonar o de cuidar a otros. Así es que *la falta de perdón es también incircuncisión*. Que permitamos a Dios circuncidar nuestros duros corazones (Ez. 36:26).

7. UNA LENGUA LIMPIA— (Labios circuncidados. Exodo 6:12,30). Isaías confesó que sus labios estaban sucios (Is. 6:5). Pero el verdadero problema no son los labios, porque de la abundancia del corazón habla la boca (Lc. 6:45). Labios incircuncisos significa que nuestras palabras no están limpias porque nuestro corazón no está limpio. Dios quiere circuncidar nuestros corazones y nuestras palabras.

8. EXPRESIONES DEL CORAZON PURAS —Jesús era un ministro de circuncisión *para mostrar la verdad de Dios, para confirmar las promesas hechas a los padres* (Ro.15:8). Las palabras de Jesús *circuncidaron* los corazones de sus oyentes. El vino a traer verdad al corazón, para que las vidas de los hombres fueran genuinamente transformadas. Un corazón cambiado y circuncidado es la única clase de corazón que es capaz de obtener las promesas dadas a los padres. Un corazón circuncidado también cumple el Salmo 15:2: "El que ... habla verdad en su corazón". Un corazón que constante y deliberadamente escoge pronunciar aquello que es verdadero. ¿Qué estamos diciendo en nuestro corazón? ¡Deténgase y escuche lo que está diciendo dentro de usted mismo!

9. UN CORAZON CREYENTE—"Oh tardos de corazón para creer" (Lucas 24:25; Marcos 16:14). Un corazón circuncidado es un corazón que cree y responde rápidamente. Israel perdió todo el significado acerca de la circuncisión. Estaban tan ocupados con el ritual de la circuncisión *física* que no fueron sensibles al mensaje de la misma. Un *símbolo* no es lo más importante, el *significado* sí lo es. Sus corazones eran incircuncisos e incrédulos, y por eso mismo, la generación de Moisés no entró en la tierra prometida. Esto es por lo que la generación de Cristo no pudo reconocer a su Salvador. Pablo da varias interpretaciones de lo que la verdadera circuncisión es en Gálatas 5:6 y 6:15, diciendo: "Ni la circuncisión [física] vale algo, ni la incircuncisión [luego él da el significado espiritual], sino *la fe que obra por amor*" y *"una nueva criatura"* o vida cambiada.

10. AGREGUE LAS SUYAS— Hay muchas más.

VENCIENDO LOS FOCOS DE RESISTENCIA
Los treinta y un reyes
Basado en el discurso de A.B.Simpson

Josué 12:9-24 es un registro de los 31 reyes que Israel, tuvo que expulsar de Canaán para obtener su herencia. Cada uno de estos reyes representa áreas en las cuales está entronizada la vida del yo, donde el Ego todavía reina en lugar de Cristo nuestro Señor. ¡Los llamaremos focos de resistencia! Estos reyes de la vida del yo, son orgullosos, independientes y voluntariosos. Cada rey cuidadosamente guarda y protege su propia área de dominio y se opone furiosamente a cualquiera que intente tocar aun un centímetro de su territorio. Desafortunadamente estos 31 reyes son la causa de las desunión entre los hermanos. Porque donde la voluntad propia reina, nunca hay unidad. Por lo tanto, si queremos entrar en completo *reposo* y como individuos llegar a una verdadera unidad entre los hermanos, entonces estos treinta y un reyes deben ser juzgados con la Espada.

Estos *reyes* están reinando espléndidamente en nuestras vidas, y nos impiden tener un verdadero amor por los hermanos. En la medida en que permitamos que la espada de Dios juzgue a estos reyes entronizados en la vida del yo, así llegaremos a ese bendito estado de "el amor fraternal no fingido" (1 P. 1:22). Este mensaje de los treinta y un reyes es para los creyentes que han venido a través del desierto, cruzado el Jordán y tienen un nivel de madurez, pero que aún requieren una crucifixión interna de estos señores reinantes de la vida egocéntrica.

CADA REY REPRESENTA UN AREA NO RENDIDA DE LA VIDA EGOCENTRICA

REY 1—VOLUNTAD PROPIA (Alguien que determina sus propio camino). Es una de las más grandes fallas que el hombre tiene. El es su propio jefe- él está en el trono, no Dios. Muchos cristianos tienden a tomar sus propias decisiones en vez de preguntar a Dios: "¿Cuál es tu voluntad?", "¿Cómo puedo agradarte?" El hombre le dice a Dios cuáles son sus planes, y luego le pide a Dios que lo bendiga. ¡Producimos lo que somos! Un hombre con voluntad propia produce hijos con voluntad propia. ¡Cuando los niños toman sus propios caminos, su papá tiene una lección viviente delante de él! Un papá triste y desconcertado dice: ¿Por qué mi hijo ha tomado su propio camino? Dios le responde: "Ahora ya sabes como me siento acerca de ti, tú tampoco me has escuchado, y siempre has hecho tu propia voluntad." Oremos por la naturaleza del Cordero, que dijo: "No mi voluntad, sino la tuya". (Vea también Santiago 4:13-16.)

REY 2—AUTOINDULGENCIA (Alimentan el ego propio). El tema favorito de este hombre o esta mujer es **yo** o **mi**. Siempre están hablando de ellos mismos, sus experiencias y logros. Nuestro primer deber es dirigir la atención al Señor y salirnos de la escena. Siempre debemos señalar hacia Cristo. Pablo dijo: "No mirando cada uno por lo suyo propio, sino cada cual también por lo de los otros" (Fil. 2:3-4). "Alábete el extraño y no tu propia boca, el ajeno y no los labios tuyos" (Pr. 27:2; 2 Cor.12:2-5).

REY 3—BUSQUEDA DE LO SUYO PROPIO. (¿Qué hay aquí para mí? ¿Qué puedo obtener de esto?) Napoleón dijo: "¡Las únicas personas que me importan son aquellas que me pueden beneficiar!" A él no le importaba nadie más. No apreciemos a las personas sólo por lo que podamos obtener de ellas. ¡Qué nunca seamos encontrados culpables por *usar* a otras personas en beneficio nuestro! El verdadero amor, de acuerdo con 1 Corintios 13 es desinteresado, no es fingido, no es egoísta, no busca lo suyo, etcétera. Esta clase de amor es *carácter,* considera primero las necesidades de otros.

REY 4—AUTOCOMPLACENCIA (Pasividad: estoy bien como estoy, no necesito cambiar.) Los creyentes de Laodicea pensaron que ya habían llegado a la cumbre de la espiritualidad. (Ap. 3:17). ¡Ellos pensaban que ya lo tenían todo! Esto es ceguera y engaño (1 Co. 8:2; Gal. 6:3). Esta actitud es lo opuesto a la de aquellos que tienen sed de Dios (Salmo 42:1-2; Mateo 5:6). Las personas que están *satisfechas* en su presente estado han dejado de crecer. Hasta el apóstol Pablo dijo: "No pretendo haberlo ya alcanzado ... prosigo a la meta." A menos que tengamos una visión progresiva, vamos a vivir descuidadamente (Prov. 29:18). Cuando individuos o iglesias han dejado de crecer, es porque ya no responden a *verdades frescas*. Están viviendo en el pasado y satisfechos con el pasado (Ap. 3:1). ¡Es una cosa horrible no haber crecido en 20 años!

REY 5—GLORIA PROPIA (Vanagloria, alarde, jactancia). "No sea que se alabe Israel contra mí diciendo: Mi mano me ha salvado" (Jue.7:2) Aunque este rey diga "Gloria a Dios" realmente significa "la Gloria para Mí". Se jacta de sus habilidades y de su éxito. Quizás use palabras y vocabulario complicado para sentirse importante e impresionar a otros. Cristo dijo que si buscamos la alabanza de los hombres, ésta será nuestra recompensa (Mt. 6:2; 6:6). Los motivos encubiertos despojan al corazón de la fe genuina (Jn. 5:44). Pablo amonesta: "No seamos codiciosos de vanagloria (Gá. 5:26; Fil. 2:3).

REY 6—AUTOSUFICIENCIA (Fuerza humana, confianza en la carne. (Fil. 3:3.) Este rey atrincherado confía en su propia mente y su propio juicio. Confía en sí mismo. No necesita de los demás hermanos —él sabe lo que está haciendo—. Tiene todo bajo control y puede solucionar sus problemas por sí mismo. Tiene las respuestas. Es un hombre que se ha forjado a sí mismo. Es lo opuesto a la dependencia santa, que Jesús tenía: "No puedo yo hacer nada por mí mismo."(Jn. 15:4; 5:30).

REY 7—CONCIENCIA DE SI MISMO (Una terrible atadura de afán.) Este rey relaciona todo lo que se dice o hace con él mismo. Cada gesto, mirada y palabra es estudiada cuidadosamente y se supone que todos están pensando y hablando acerca de él. Es prisionero de su propia imaginación. A veces las muchachas se pasan horas frente a un espejo poniendo cada cabello en su lugar, porque piensan que todos las están examinando. Es un alivio *darse cuenta* de que las personas casi *nunca* están pensando en nosotros. Las verdad es que ellos son como nosotros, están pensando en ellos mismos.

REY 8—IMPORTANCIA PROPIA (Un sentido de importancia o grandeza propia.) Este entronado rey tiene un ego inflado y se enoja fácilmente si no es tratado como un rey (Jer. 48:29).

Muchos creyentes que han recibido conocimiento y entrenamiento por algunos años, piensan que han crecido más que sus maestros y que su pastor. Algunos aun caen en el engaño de creer que son mensajeros especiales de Dios, enviados para corregir a todos sus líderes.

REY 9—AUTODESPRECIO (Constantemente degradándose a sí mismo) *No* es bueno que los creyentes repetidamente vean sus debilidades y deficiencias. Esta es una preocupación con el YO, más que con el Señor y deja a un hombre consciente de sus deficiencias. Es mejor decir: "Todo lo puedo en Cristo que me fortalece", porque así el énfasis está en Cristo, en lugar de estar en **mí**. Filemón 1:6 nos insta a: "conocer todo el bien que está en vosotros por Cristo Jesús." Déle el crédito al Espíritu Santo por todas las buenas cosas que él ha hecho en su vida. Volvamos el énfasis de nosotros mismos a El. Si no tenemos una buena opinión de nosotros mismos, entonces probablemente tampoco tengamos una buena opinión acerca de otros. Dios quiere que tengamos un saludable sentido de autoestima. La aceptación de sí mismo es importante para la buena salud espiritual. "Ama a tu prójimo como a *ti mismo*". Así que amémonos a nosotros mismos, pero una forma saludable.

REY 10—AUTOJUSTIFICACION (Defender sus derechos, inflexibilidad) Este rey necesita tener siempre la razón. Demanda sus derechos, defiende su posición y justifica sus caminos, aun hasta la muerte. Este rey prefiere morir que ceder. El *no* está convencido de que "dar la otra mejilla" es para hoy. Tampoco cree que las injusticias son ordenadas por Dios para atraerlo más cerca del trono (Gn. 50:20). Algunos cristianos pasan por la vida y nunca aprenden la lección. La misma idea de la Encarnación fue la *renuncia de nuestros derechos*. ¿Qué de nosotros? ¿Somos mejores que Cristo? A.B.Simpson dijo: "Yo solemnemente creo que la mayor parte de las bendiciones que me han sido dadas en mi vida y ministerio, han venido por las cosas malas que la gente ha dicho de mí y porque Dios me hizo capaz de soportarlas".

REY 11— SUSCEPTIBLE (Demasiado sensible, quisquilloso, fácilmente se ofende) Este rey es muy protector de sí mismo. Está muy consciente de sus propios sentimientos, pero usualmente no se da cuenta cuando ha herido a otros. Irónicamente, cuando acusa a otros de ser ásperos y duros con él, no se percata de cómo él está hiriendo a los demás con esta acusación(Ro. 2:1). El resentimiento es la inhabilidad de olvidar una ofensa. Es una atadura. Dios entiende las razones por las cuales, las personas luchan con esto, y Dios mismo tiene la respuesta.

REY 12—PERSPECTIVA PROPIA (Sólo puede ver las cosas desde su propio punto de vista) Este rey rígidamente afirma: "¡No hay otra manera de hacerlo!" El apóstol Pedro luchó contra este rey en su vida. El siempre decía, *"nunca"*, pero luego tenía que arrepentirse (Mt.16:22; 26:33; Jn. 3:8; Hch.10:14). Los tres amigos de Job rehusaron cambiar su evaluación filosófica de la calamidad de Job. Ellos estaban descalificados para aconsejarlo o consolarlo ya que nunca habían visto, oído o experimentado nada parecido a la prueba de Job. Por lo tanto, carecían de luz suficiente para discernir la trágica situación de Job y hablar lo que convenía al caso. Pero insistieron, "¡*Esta es la única forma de verlo!*" Esta actitud, es síntoma de varias necesidades. Sugiere que todo lo que se pueda saber sobre el asunto, ya se sabe. Una actitud de *infalibilidad*.

La verdadera sabiduría puede ver las situaciones bajo muchas perspectivas y ofrecer otras opciones viables con mansedumbre, y saber cuando se ha dicho lo suficiente.

REY 13—INTROSPECCION (Siempre mirando para adentro.) (*ver también autodesprecio*) Este rey impera en versículos bíblicos como "En mi carne no mora el bien", o: "¡Miserable de mí! ¿Quién me librará de este cuerpo de muerte?" (Rom. 7:18, 24). Dios nunca nos pidió que nos analizáramos o que tratáramos de solucionar las perplejidades con la mente humana. De todos modos, Jeremías 17:9 nos dice que no conocemos nuestros corazones. El Señor es el único que prueba nuestros corazones y nos muestra lo que debemos saber, en Su tiempo. Hasta entonces, sea positivo y esté en paz, mantenga gozo en su corazón. La Biblia dice: *Confía en el Señor con todo tu corazón, y no te apoyes en tu propio entendimiento* (Prov 3:5-6 B. d. l. A.). Deje que Dios le enseñe lo que necesita saber de sí mismo. El sabe cuándo es mejor hablar.

REY 14—AMOR PROPIO (Sobreprotector del ego e intereses egoístas). Este rey vive sólo para *él mismo* y rechaza cualquier inconveniencia o intromisión en su tiempo y vida privada. Contrario a la naturaleza de Dios, quien dio su vida voluntariamente por otros. Cristo nunca escogió el camino de la conveniencia. Algunos cristianos rehúsan ir al ministerio o al campo misionero por el amor propio—aman su vida y su seguridad. Pero haciendo esto pierden ambas cosas. El gozo se encuentra donde la voluntad de Dios nos guíe. La felicidad está donde reside la presencia de Dios y el lugar *más seguro* en la tierra es donde la voluntad de Dios está cuando estamos en la voluntad del Señor. Cristo dijo: "El que quiera salvar su vida [amor propio] la perderá, y todo el que pierda su vida la salvará" (Mr. 8:34-35; Mt.19:29).

REY 15—AFECTO EGOISTA (Amar sólo a los que nos aman —Lucas 6:32-33.) Cuando sólo podemos apreciar a aquellos que nos aprecian, somos cristianos *ordinarios* y comunes. ¡Hasta los pecadores hacen esto! ¿Estamos agradecidos sólo por aquellos que nos aprueban y alaban? ¿Nos importan poco todos los demás? ¿Es nuestra esfera de compañerismo pequeña y exclusivista? En una iglesia de trescientos, ¿eres amigable con treinta nada más? Dios desea agrandar y hacer más benigno el corazón de cada uno de los suyos.

REY 16—MOTIVOS EGOISTAS (Haciendo favores a otros en espera de recibir algo a cambio. (Lucas 6:34:35). Este reyecito entronizado da dinero a Dios esperando recibir de El *más* para sí mismo. La mayoría de los *mensajes de prosperidad* de hoy día promueven esta mentalidad. "¡Déle a Dios y El le devolverá siete veces tanto!" Dios es verdaderamente un Dios generoso, que ama y bendice a su pueblo, pero nuestro motivo de dar, nunca debería ser la esperanza de recibir a cambio algo más para nosotros mismos. Y recuerde, ministros y evangelistas que son *genuinos* no utilizan todo el servicio sólo para pedir dinero.

REY 17—DESEOS EGOISTAS (codicia, algo para mí) Este rey anhela parecer próspero o tener seguridad. Buscará amigos que sean prominentes para tener influencia y poder, o tal vez casarse con alguien de familia rica y de prestigio. Deberíamos revisar nuestros motivos para ver qué está impulsando nuestros esfuerzos y palabras. ¿Señor por qué realmente quiero esto? Dios puede mostrarnos nuestros motivos (Sal.139:1-4).

REY 18—ELECCIONES EGOISTAS (Escoger lo que creemos nos hará felices en lugar de pedir a Dios lo que le glorificaría a El. Lot cometió este error cuando escogió vivir en Sodoma (Gn. 13:9-11). Este rey no pregunta o desea saber la voluntad perfecta de Dios, sólo desea su propia voluntad. Fuimos creados para Dios, para traerle complacencia, por lo tanto deberíamos pedirle siempre al Señor que escoja por nosotros (Ap. 4:11; Sal. 40:8). Si no estamos dando satisfacción a nuestro Hacedor, entonces estamos viviendo en vano. La vida está llena de decisiones. ¡Y esto incluye con quién uno se casará! Muchos cristianos desobedecen a Dios en este punto. Casarse con la persona equivocada, puede impedir la oportunidad de cumplir el llamado de Dios. Por lo tanto permita que Dios escoja su pareja, porque esto traerá un matrimonio más agradable y feliz, un matrimonio que le glorificará a El (Fil. 2:13).

REY 19—PLACERES EGOISTAS (Gratificación del ego). La sociedad occidental es una sociedad sedienta de placeres. Hoy se cumple lo que dice la Escritura en 2 Ti. 3:4: "Amadores de los deleites más que de Dios". Deportes, autos, vestidos y entretenimientos pueden ser ídolos. Muchos en la Iglesia están obsesionados con deseos insaciables de placer. Algunos desean ir a la Florida no porque quieren hacer la voluntad de Dios sino sólo por vivir cómodamente en un clima tropical. Muchos han dejado a una *mentalidad de retiro* entrar en sus vidas a una edad muy temprana. El placer, sin embargo, se encuentra en la presencia de Dios y en el lugar de su voluntad para su vida. "En tu presencia hay plenitud de gozo". (Sal.16:11; 45:7). Si sólo vivo para complacerme a mí mismo, vivo en vano (Leer 1 Ti. 5:6).

REY 20—POSESIONES EGOISTAS (Un espíritu avaricioso.) Hay una forma segura de hacer que aparezca la iniquidad y vanidad escondidas en el fondo del corazón, ésta es cuando se da alguna amplitud en la interpretación dada a un Testamento. Familias y amigos han sido destruidos con amargura por el contenido de un testamento (Lc.12:13-15). Jesús no animó al hombre que tuvo un argumento sobre una herencia a que luchara por obtener una participación mayor. El Señor vio un motivo de avaricia en el corazón del hombre (Lc.12:15). Jesús advirtió que la felicidad no se mide por las posesiones que atesoramos. Las cosas que las personas ambicionan nunca las harán felices. Tarde o temprano perderemos cualquier cosa a la que nos aferramos. ¡Sea dadivoso! Las personas que obtienen riquezas o posesiones por medios engañosos terminan en la necedad y sin fruto (Jer.17:9-11).

Cuando Dios nos da un don o talento, es por dos grandes razones: **1.)** Primero que todo, es para establecernos [afirmarnos] y bendecirnos (Romanos 1:11); y **2.)** Es para bendecir a otros (1 Co. 12:7). ¡Los dones no son para atesorarlos para nosotros mismos! Por ejemplo; cuando Dios nos da fortaleza, es para ayudar a los que están débiles. Si estamos sanos, es para ayudar a los enfermos. Abundancia en las finanzas es para que ayudemos a los pobres. Si su pareja tiene un área débil, Dios seguramente le ha dado a usted gracia adicional en esta área para compensar esa deficiencia. Así que, no debe criticar a esa persona por su deficiencia sino ayudarla con su abundancia. Nuestra actitud sobre las posesiones debería ser: "No son mías. Me han sido confiadas por Dios para que yo ayude a otros" (Lucas 12:15-21; Hechos 4:32).

REY 21—TEMORES Y PREOCUPACIONES EGOISTAS (¿Qué **me** va a pasar?) Este rey ejemplifica la ley de autopreservación. Es muy protector de sí mismo y tiene un problema serio en confiar en Dios. "Dios no va a cuidar de mí, o Dios pudiera dejar que yo fracase." Algunos temores vienen del orgullo: "Yo pudiera quedar en ridículo:, o :yo pudiera ser humillado", etcétera. Muchas veces las personas se preocupan por meses acerca de un acontecimiento, sólo para descubrir, cuando eso llega, que sus temores eran infundados. Si nuestros temores vienen del orgullo, entonces la humildad romperá esta atadura.

REY 22—DOLORES EGOISTAS (Dolor autoinducido o de orgullo herido). "Dios se olvidó de mí" o "Dios ha sido injusto conmigo". Este rey está pronto a acusar a Dios y a otros de irresponsabilidad y falta de cuidado. Esta clase de dolor resulta de expectativas incumplidas, expectativas de algo que Dios nunca quiso que tuviéramos. Si Dios desvió algún esfuerzo o aspiración, fue porque El tenía en mente algo mejor y lo hizo por su misericordia. Recuerde el dolor que es según Dios trae *vida*, pero el dolor egoísta *muerte* (2 Co. 7:10).

REY 23-SACRIFICIOS EGOISTAS - (Dar para satisfacer el ego. 1 Co. 13:1-3.) Un hombre podría dar todos sus bienes para alimentar a los pobres y dar su cuerpo para ser quemado como un mártir, sin tener el amor divino como su último motivo. Las personas pueden tener motivos extraños. Un hombre o una mujer podría ayunar por cuarenta días, no para acercarse a Dios, sino para romper un récord o tener una experiencia de qué gloriarse. Este es un ayuno para satisfacer la carne. Algunas veces negarse a sí mismo es un motivo de exhibicionismo religioso. ¡Cuidado con los sacrificios y negaciones de sí mismo! Asegúrese de que sus motivos sean correctos.

¿Recuerda la historia del hombre que por 25 años se sentó en lo alto de un pilar y vivió de raíces y raciones, todo en nombre de la piedad? ¿Qué logró? Convertirse en el exponente de la justicia propia y la conciencia de sí mismo. Todo lo que hizo fue atraer atención a sí mismo.

REY 24—VIRTUD Y MORALIDAD EGOISTA (Yo soy más santo que tú.) Esta es la actitud: Yo estoy a uno o dos niveles más alto que otros por mis normas altas y mis creencias). Somos los escogidos. Esto hace que nos alejemos de otros, y está enraizado en el orgullo espiritual. Los judíos en general, sentían que los gentiles estaban debajo de ellos y por eso no se sentaban a comer ni se asociaban con ellos. Y si hacían algún negocio con ellos, se lavaban las manos después (Hechos 10:28; 11:3). Este rey debe ser ejecutado, o impedirá a muchos venir a nuestras iglesias.

REY 25—JUSTICIA PROPIA (Soy lo que soy por mis obras y esfuerzos.) Esta es la actitud e idea de que Yo me he forjado bien, debido a mi dedicación y esfuerzo. (Vida devocional, sacrificio, abstinencia, separación, etc.) Y si bien es cierto que se requiere esfuerzo para vivir una vida santa, sin embargo, queda el hecho de que si tenemos alguna justicia o santidad en nuestra vida, es debido a la gracia de Dios. Así que, no tenemos nada de qué jactarnos. Job tenía un problema en particular con la justicia propia. Encontró culpable a Dios y no encontró culpa en sí mismo (Job 27:1-6; 32:1; 35:2), pero él era culpable del engaño de la justicia propia. Job debiera haber dicho: "Señor cualquier justicia que tengo es porque tú has roto las ataduras de pecado en mi vida. He tratado de hacer lo correcto. Pero, ¿dónde estoy ciego?" La justicia propia es piedad que las personas creen haber ganado por sus esfuerzos y duro trabajo. Así que ellos creen que tienen el derecho de mirar por encima del hombro a otros que no han trabajado tan duro como ellos. (Luc. 18:9-14; Fil.3:9; Isa. 54:17; 64:4)

REY 26— SANTIFICACION EGOISTA (Acampar alrededor de una experiencia transformadora del pasado y gloriarse en ella.) Esto sucede cuando una experiencia real que tuvimos en el pasado se convierte en un ídolo, y dejamos de caminar con Dios. Cuando las personas acampan alrededor de una experiencia del pasado, la experiencia se vuelve agria. Esto es porque debe haber nueva vida que fluya a través de nosotros todo el tiempo, porque una simple experiencia no nos llevará instantáneamente a la madurez. Debemos continuar creciendo y teniendo nuevas experiencias todo el tiempo, o nos secaremos. Pablo dijo que él *todavía no lo había alcanzado,* a pesar de veintiocho años de caminar con Dios (Fil. 3:12-14)). (Pablo se convirtió alrededor del año 34 A.D., y escribió Filipenses en el 62 A. D.).

REY 27—OBRAS DE CARIDAD Y OFRENDAS EGOISTAS (Dar con motivos ocultos, para poder controlar a los demás.) Hay veces cuando las personas contribuyen con grandes sumas de dinero a iglesias u organizaciones pero con cabos atados para poder controlar la obra, o usarlos para propagar sus propias ideas y creencias. Y algunas veces las personas dan más dinero y regalos para tener reconocimiento y alabanza públicos. Dios dice: "Que esto sea entre tú y yo. No lo publiques" (Mt. 6:2-4).

REY 28—TRABAJO CRISTIANO EGOISTA (Cuando el ministerio es más importante que nuestra relación) La iglesia de Efeso había llegado a estar tan ocupada en hacer la obra del Señor que descuidaron su relación con Dios (Ap. 2:2-4). Nunca fue el plan de Dios que el ministerio tomara el lugar de nuestra relación con El. El ministerio no debe de ser un ídolo. Un niño pequeño arma berrinche si se le quitan sus juguetes y lo mismo pasa cuando a un cristiano inmaduro Dios le dice que se siente y se quede quieto por un tiempo. ¿Armaremos un berrinche y perderemos la victoria si Dios nos separa de nuestro ministerio por un tiempo para hablarnos? El cristiano maduro es capaz de sentarse y esperar. Pero el inmaduro casi se aparta del Señor si su ídolo es tocado.

REY 29—ORACIONES EGOISTAS (Dame, dame, dame) El hijo pródigo dijo: "Padre, dame". Pero cuando malgastó todo dijo "Padre, hazme". Hazme el hijo que tú quieres que yo sea (Lucas 15:12 vs. 15:19). El evangelio de la prosperidad extrema de hoy día enfatiza el "¡Dame, denme, denme! Dame una respuesta rápida, la salida fácil de mis problemas, provisiones y bendiciones. Pero el mensaje de prosperidad ha fallado al no enfatizar ¡Hazme! Señor hazme para tu reino, aun si las circunstancias no son siempre agradables, y las respuestas que busco no vengan inmediatamente. Nuestra oración debe ser: —¿Qué puedo hacer para traerte contentamiento Señor?

REY 30—ESPERANZAS EGOISTAS (Vivir en un mundo de sueños con expectativas que no son realistas.) El corazón humano tiene fantasías de llegar a ser famoso o rico, o sueña con algo que pertenece a otro.). Dios quiere que su pueblo aprenda a estar contento en sus circunstancias presentes (Fil. 4:11) Esté seguro de que lo que está esperando sea lo que Dios desea darle (Sal. 62:5).

REY 31—TODA NUESTRA VIDA (Retener nuestra vida del Señor). Aun nuestra propia vida no debe ser retenida como una posesión egoísta, sino como una encomienda sagrada. Pablo dijo: "No sois vosotros ... habéis sido comprados por precio: "Ni estimo preciosa mi vida para mí mismo ... que acabe mi carrera con gozo" (1 Co. 6:19-20; Hechos 20:24).

APRENDIENDO A RESPONDER DE LA MANERA CORRECTA A UNA OFENSA

Depresión, desórdenes mentales y emocionales y aun el suicidio, pueden ser resultado de una ofensa a la que no se reaccionó de la manera correcta. Como reaccionamos a las desiluciones, fracasos, rechazos e injurias, determina si tendremos o no una buena salud mental, emocional y espiritual. (La respuesta correcta de Job a la injuria lo salvó, ver Job 1:19-20.) Es la responsabilidad de la Iglesia, enseñar a las naciones cómo hacer frente a las injurias y reaccionar ante ellas.

*El hombre se ha sumido profundamente en las peores cosas imaginables por la manera incorrecta en que ha reaccionado a las ofensas. El patrón empieza en la niñez, pero el hecho es que lo que nos pasó casi no es tan importante como la manera en que reaccionamos a ello.

PASOS PRINCIPALES HACIA EL ABISMO:

A. Un espíritu herido. (Rechazo, desilusión o injurias de algún tipo.) Pero al no responder de la manera correcta nos lleva al paso B.

B. Endurecimiento del corazón. (Amargura.) La Escritura nos amonesta una y otra vez a no endurecer nuestros corazones. Leer Hebreos 3:8, 15; 4:7, 16; 12:15. Cuando una persona es herida o injuriada, la *gracia* (capacitación divina) está siempre inmediatamente disponible para sostenerle, animarle y llevarle a través de la prueba. Las personas, sin embargo, muchas veces no se apropian de la gracia que está disponible y escogen seguir con la ofensa y se convierten en personas amargadas y rencorosas.

C. Rebelión. Si una persona continúa endureciendo su corazón, la rebelión se alojará en ella. (Rebelión es poner a un lado toda restricción, y asumir una actitud de "Ya no me importa", lo que resulta en temeridad, necedad y pecado serio.) Cada vez que un hombre o mujer endurece su corazón y rechaza la gracia, se hunde profundamente en el lodo cenagoso.

D. Desesperación. (Sentimiento de culpa por haber hecho el mal, confusión y la incapacidad de sobreponerse a una mente atormentada. Una pérdida de autorrespeto y autovalía.) Es una acumulación de todo lo anterior y más. Satanás viene entonces con sus mentiras y dice: "No hay esperanza, de nada vale tratar de remediarlo, no hay salida, acaba con todo".

E. Suicidio. (Autodestrucción, espiritual o física.)

Se sabe por la ciencia médica y las Escrituras que la mayoría de los problemas vienen del hecho de que el GOZO, la PAZ y un sentido de ESPERANZA han desaparecido del alma de una persona atribulada. Así que debemos averiguar las razones por las cuales el *gozo*, la *paz* y la *esperanza* han desaparecido de la vida de la persona.

> EL SUICIDIO puede ser una de las formas más altas de egocentrismo porque:
> - **El suicidio sólo se considera a sí mismo**, no a otros ni a Dios.
> - **Devasta a otros** (Familia, amigos). Algunas veces el suicidio es para causar dolor a otros.
> - **Lastima a Dios**. Roba algo que le pertenece a Dios (Sal. 100:3; 1 Co. 6:19-20).
> - **Destruye generaciones futuras** (al destruirse uno mismo, destruye a los hijos por venir).
> - **Frustra los planes y propósitos de Dios.** (El suicidio es lo opuesto de "Yo he venido a hacer tu voluntad, oh Dios".)
> - **Es una salida** cuando no es posible que el YO sea el señor de mi vida y controle mis circunstancias.
> - **Es un resultado de expectativas distorsionadas** (Lo que Yo quería no funcionó, así que acabaré con todo.)
> - **Es un rechazo de la gracia disponible** y escoger dejarse llevar por la herida y endurecer el corazón.
> - **Es lo opuesto de un corazón de siervo.** Un siervo dice: "Señor, ¿qué quieres que haga?" ¿Cómo puedo complacerte? (*No* dice: "Esto es lo que yo quiero y porque no puedo tenerlo, me mataré".) "Los siervos no cometen suicidio, los señores sí. Los señores controlan sus propias vidas y son su propio dios. Y cuando no obtienen lo que desean o sienten que no pueden controlar su vida, se autodestruyen. El orgullo herido puede que esté en el fondo del suicidio.
> - **Es falta de temor de Dios.** El temor de Dios pone en el corazón un santo pavor de alcanzar el plan y propósito de Dios para nuestra vida. El suicidio es la destrucción de ese plan por falta de este santo temor (Hebreos 4:1).
> - **El suicidio es el resultado de creer una mentira**. Es el resultado de escoger creer a la voz de Satanás en lugar de a la voz de Dios. (Satanás dice, no hay esperanza, no hay manera, nunca más volverás a ser feliz, acaba con todo.) Pero Dios siempre está diciendo algo bueno y esperanzador (Jer. 29:11).
> - **El suicidio es una debilidad en el carácter.** *Es un escape* para evitar encarar la vida y el ego de uno. En el oriente las personas se suicidan porque no pueden soportar el desprestigio. Jesucristo soportó injurias y esputos sin esconder su rostro (Isaías 50:6).
>
> **Hace algún tiempo leí la historia de un niño que quería pertenecer a un equipo de béisbol. El y varios de sus amiguitos perseguían la misma posición, y los tres eran muy buenos. Cuando el entrenador escogió, no lo escogió a él. El se sintió devastado e incapacitado para enfrentar los sentimientos de rechazo y fracaso. Su reacción para esta y otras situaciones de su vida se conviertieron en un patrón que le condujo a intentos de suicidio y reclusión en hospitales para enfermos mentales. (Los problemas mentales y emocionales comienzan con patrones de reacciones inapropiadas que se forman durante la *juventud*.**
>
> El muchaho se endureció contra su entrenador, y sus compañweros de equipo. Al tener más edad, el mismo patrón de comportamiento continuaba, especialmente cuando la vida no resultaba como él quería. No pudo soportar pequeñas fricciones en su matrimonio, ni le iba mejor en su trabajo con su jefe. Odio, amargura, y sentimientos de culpa por vivir con otra mujer le llevaron a atentar contra su vida. Este pobre hombre se habia ido hundiendo más y más en su propio abismo y prisión de egoísmo y egocentrismo a través de los años. Probablemente él mismo no se daba cuenta de las muchas leyes del reino de Dios que había estado violando. (Cuando las leyes de Dios son quebrantadas, también las leyes de la **vida** son violadas.)

COMO SE HUNDEN LAS PERSONAS EN UN ABISMO
(Causas de desórdenes mentales y emocionales)

1.) UN ESPIRITU HERIDO - (Desilusión, rechazo, pérdida o injusticias) Dios nunca permite que seamos probados más allá de lo que podamos soportar. (1 Co.10:13). Siempre tiene su *gracia* disponible cuando somos lastimados. (He. 4:16; 2 Co.12:9). Un *espíritu herido* es el primer paso hacia el abismo, si no respondemos correctamente a la herida (He.12:15.)

2.) ENDURECIMIENTO DEL CORAZON - (Amargura.) La Escritura nos exhorta repetidamente a que no endurezcamos nuestros corazones (He. 3:8; 3:15; 12:15). Cuando un adulto o un niño se vuelve duro y amargado es debido a que ha resistido y rechazado la gracia disponible y ha escogido más bien endurecer su corazón. El *espíritu de gracia* es continuamente afrentado por el continuo rechazamiento (He.10:29). Karl Marx fijó su corazón en las injusticias y opresiones de los trabajadores en sus días y se amargó. Como un joven cristiano, Marx rechazó la gracia disponible y endureció su corazón. La gracia de Dios puede igualar o *exceder* cualquier injusticia o herida que estemos enfrentando.

3.) FALTA DE PERDON - Esto puede acabar con la energía emocional y llevar a una depresión severa. Puede afectar la mente, el sistema nervioso y todas las glándulas y órganos de nuestro cuerpo. La falta de perdón le abre la puerta a Satanás. 2 Co. 2:10-11; Mt. 18:32-35. El exceso de trabajo no es la causa principal del agotamiento. Este, usualmente es causado por problemas no resueltos en el corazón (malos sentimientos, falta de perdón, amargura, temores, etc.). Con un espíritu herido, un corazón endurecido, falta de perdón que traen depresión, y muchos males más, podemos ver cómo un individuo se encamina directamente hacia el abismo. Pero debajo de todo esto hay otro factor que contribuye a los quebrantos emocionales —¡expectativas incorrectas!

4.) EXPECTATIVAS EN EL LUGAR EQUIVOCADO - Este es uno de los principales factores que contribuyen a los conflictos que el hombre siente. Las expectativas incorrectas nos pueden devastar completamente. El deseo de Dios nunca fue que el hombre encontrara su *todo,* en otro ser humano, (novio-a, cónyuge, hijos) o en una carrera, profesión o alguna otra cosa. Nuestras expectativas deberían estar en Dios mismo y sólo en El (Sal. 62:5). Por lo tanto, cuando la vida de una persona está totalmente envuelta en otra persona, una carrera o algo más, cuando todo se malogra, todo su mundo se destruye. Esto fue lo que pasó en la vida de aquel muchacho que trató de ser una estrella de béisbol. Toda su vida e identidad giraban alrededor del baseball. Y cuando no fue escogido para la posición a que aspiraba, eso fue para él el fin del mundo.

5.) FALTA DE LA PERSPECTIVA DE DIOS. (Cómo ve Dios las injusticias o maltrato.) Cuando las personas no son capaces de ver las cosas desde la perspectiva de Dios, se ven absorbidas por esto: "He sido defraudado", "Esto no es justo", "Injusticias", y "Yo tengo mis derechos". Vemos otra vez que esta es la razón por la cual las personas están vejadas y atormentadas en sus almas. Es porque no pueden ver la mano oculta de Dios detrás de las injusticias (Gn. 50:20; Ro. 8:28). José reconoció que cada *injusticia* o maltrato que tuvo en su vida, era ordenado por Dios para llevarlo más cerca del trono. La vida de Jesús estuvo llena de injusticias, pero cada una de ellas obró en conjunto, para darle un nombre que es sobre todo nombre en los cielos y en la tierra (Fil. 2:5-11). Desafortunadamente aquel muchacho no había sido criado en los principios cristianos, y no pudo comprender que cuando Dios bloquea el camino que hemos tomado, es porque tiene una mejor alternativa en mente para nosotros.

6.) FALTA DE AGRADECIMIENTO - Otra razón por la cual algunos son infelices es porque miran a otros y *esperan* igualdad. Y cuando otros tienen algo que ellos no tienen, se sienten *defraudados*. La Escritura nos advierte en contra de *compararnos* con otros (2 Co.10:12). Este sentido equivocado de igualdad que el mundo promueve, sólo trae amargura. Nuestra actitud debería ser: "No *merezco* ni lo que tengo ahora". Dios quiere que sus redimidos aprendan la gracia de ser agradecidos *en* y *por* todas las cosas. El agradecimiento *cura* todas las quejas, amarguras y críticas. ¿Podría el muchacho jugador de béisbol darle gracias a Dios por no haber sido escogido? ¿Podría felicitar a su amigo que fue escogido? ¿Le importó algo el tercer compañero que *tampoco* fue escogido? (Rom.12:10,15; 1 Ts. 5:18).

7.) ORGULLO - (Algo para MI.) Tal vez el mayor contribuyente de todos los conflictos emocionales es el *orgullo*. Los grandes egos no toleran que se les pase por alto o que se les niegue lo que quieren. Recuerde, los corderos no se ofenden, ¡los señores sí! Una de las principales razones por la cual las personas cometen suicidio, es por que quieren ser el señor de sus vidas y tener el control de sus circunstancias. Cuando no lo pueden lograr, buscan una salida rápida. ¿Cuál es la senda para la paz y una mente sana? Es tener un corazón de siervo y deleitarnos en hacer la voluntad de Dios, no la nuestra. ¿Estamos quebrantando Romanos 12:3? ¿Nos estamos dedicando a hacer a Jesús Señor de nuestras vidas o estamos buscando ser nosotros los señores? Recuerde: *La raíz de todo pecado en el hombre es querer ser señor de su vida, en lugar de permitir que Dios tome su legítimo lugar.*

8.) REBELION - Esta es una actitud de: "¡Ya no me importa!" El corazón se ha endurecido, una ofensa ha sido albergada. Las expectativas se han centrado en las cosas incorrectas. La gratitud y la perspectiva de Dios se ha perdido. La gracia ha sido rechazada. Ahora la rebelión ha venido a establecerse, y el ofendido va directo al pecado en un intento de adormecer y ahogar los sentimientos que no puede encarar (pecados morales, drogas, alcohol). Quizás, él o ella lo está haciendo por causarle pesar al ofensor ... padres, novio, novia o un cónyuge del que está separado. Cuando la gracia ha sido rechazada, la habilidad para tratar objetivamente y hacerle frente a los sentimientos se pierde. El abismo se vuelve más y más profundo.

9.) SENTIMIENTOS DE CULPA - El resultado de una vida en pecado. (Una conciencia contaminada, condenación, pérdida del respeto propio y del concepto de valía personal. Un sentimiento de no valer nada). El único remedio para la culpa es *una confesión honesta* de las faltas y malas acciones, no culpar a otros (Jer. 3:13). El abismo se ha abierto y aun más, ya que todavía hay indisposición a reconocer: "He pecado, estoy ofendido, he endurecido mi corazón, he tomado mi propio camino, estoy amargado y odio, no puedo perdonar, estoy actuando mal."

10.) DESESPERACION- (La pérdida de todo gozo y paz, un sentimiento de desesperanza.) Ahora la condición se ha empeorado y el abismo está mucho más próximo a tragar a su víctima. El corazón y la mente están seriamente atormentados con culpa, confusión y una multitud de otros *sentimientos*. La habilidad de enfrentar la vida casi ha desaparecido (Oseas 13:9). Sí, Satanás derrota a las personas y las obliga a hacer cosas indecorosas; pero recuerde: las acciones previas y las decisiones que las personas han tomado, las han llevado a este lugar de vulnerabilidad.

11.) LA MENTIRA DE SATANAS - Satanás pelea sucio. El patea al hombre cuando está en el suelo y exhausto (1 P. 5:8). Cuando su víctima está confundida y es vulnerable, Satanás las abruma con mentiras, diciendo: "¡No hay esperanza, no hay salida, nunca más serás feliz, termina con todo!

12.) SUICIDIO (autodestrucción.) Es el resultado final de no tratar con lo anterior.

Las personas no nacen en un abismo. Se hunden a sí mismas en uno debido a respuestas incorrectas que han dado a las dificultades de la vida. (Ecle.10:8). Cada vez que un hombre endurece su corazón, se hunde más. Si te has metido en un abismo por incurrir en alguna o en todas las cosas mencionadas, entonces puedes salir de él, por retroceder de lo que estás haciendo con la ayuda de la gracia de Dios.

RESUMEN- Pasos hacia el abismo (y factores contribuyentes):

* **Un espíritu herido** - una injuria, rechazo, o profunda desilusión.
* **Endurecimiento del corazón**- falso consuelo. Alimentar el resentimiento, rehusar la gracia.
* **Falta de perdón-** deseo de castigar al ofensor o a Dios. Albergar una ofensa.
* **Expectativas incorrectas-** El corazón demasiado ligado a algo mortal -una violación de. Salmo 62:5.
* **Falta de la perspectiva de Dios-** No ver la mano oculta de Dios en cada injusticia o dificultad.
* **Falta de gratitud-** no dar gracias a Dios en y por cada situación. Sentimiento de "haber sido tratado mal".
* **Orgullo-** la raíz de conflictos y tormentos. De un ego pisoteado emanan muchos otros "jugos" (i.e., malas pasiones).
* **Rebelión-** eliminar toda restricción y volverse al pecado y la degradación. Una actitud de "Ya no me importa"
* **Culpa-** pérdida de autoestima y autorrespeto a causa de estar viviendo una vida vergonzosa.
* **Desesperación-** toda la paz, gozo y esperanza perdidas. Incapacidad de sobreponerse a una mente confusa y atormentada.
* **Mentiras de Satanás-** no hay esperanza, qué más da, termina con todo.
* **Suicidio-** autodestrucción.

El Señor descubrirá y expondrá el disfraz del abismo de Satanás, con Su verdad.

ALGUNAS DIRECTRICES ESENCIALES QUE NOS AYUDARAN A PERMANECER FUERA DEL ABISMO

Salir del abismo y permanecer fuera de él.

PARA LA LIBERACION DEL EGO:

* Desarrolle un corazón de siervo. Ponga a otros primero. Preste atención a las necesidades de otros, no sólo a las suyas. Anhele y desee la voluntad de Dios, no la suya.

* **Renuncie a la lástima propia**. (El síndrome de "pobre de mí".) *Todos* tienen luchas y frustraciones. (1 Co.10:13).

* **Nunca endurezca su corazón.** Esto es un falso consuelo y un mecanismo de defensa equivocado. Dependa de la gracia para las heridas.

* **Perdone completamente y libere a todos sus ofensores**. Pierde el deseo de castigar a aquellos que le han herido. Dios le justificará.

* **No tome venganza.** Esto sólo le endurecerá más. La vieja naturaleza se fortalece si se la ejercita.

* **Quite toda queja; no culpe a los demás.** Dios se encargará de los ofensores, sólo conserve sus actitudes correctas.

* **Practique pensamientos misericordiosos.** Practique la mansedumbre. Las palabras y acciones se forman en nuestros *pensamientos*.

* **Ore por los que le hayan ofendido.** Diga algo bueno acerca de ellos (Lc. 6:28). No recuerde continuamente las ofensas.

* **Tenga la perspectiva de Dios en todo.** Dése cuenta que las injusticias son ordenadas por Dios para promoverle y bendecirle.

* **Dios le vindicará tarde o temprano.** Dios traerá todo a la luz en el día del juicio (Ec.12:14).

* **Recuerde que Jesús también sufrió injusticias.** No somos mejores que El. (Jn.15:20).

* **Libérese de: "¡Es injusto!"** Acepte todo lo que Dios le envía, como algo que es justo y diseñado para su beneficio.

* **Rinda sus derechos y su voluntad.** La ira y los conflictos cesarán cuando le dediquemos nuestros derechos a Dios.

* **Practique la Regla de Oro.** (Mt. 7:12) Trate a los demás como le gustaría que le trataran a usted. Leer Pr. 24:29.

* **Permita que Dios trate con su orgullo.** El orgullo es la *fuente* de la mayor parte de los conflictos e inquietudes internas. ¡La humildad es paz!

* **Tenga las expectativas correctas.** Está seguro de que sus afectos y expectativas, *no* estén enfocadas en cosas mortales.

* **No se compare con otros.** La amargura viene cuando se compara con otros y espera igualdad.

* **Sea agradecido.** No merecemos algo mejor. No merecemos ni siquiera lo que tenemos. (Ro. 1:21; Ef. 5:20).

* **No demande derechos iguales.** Sea "pobre en espíritu" (Mt. 5:3). Los mendigos divinos no están demandando igualdad.

* **Tenga contentamiento.** Esté satisfecho con la presencia maravillosa de Dios. "En su presencia hay plenitud de gozo" (Salmo 16:11).

* **Tenga realización**. Realización es cumplir el propósito para el cual fuimos creados, traer satisfacción a nuestro Hacedor (Ap.4:11).

* **Tenga motivos correctos**. Desee solamente lo que Dios quiere que tenga, o todos sufrirán (1 Reyes 1:5; Hechos 20:30).

* **No sea perfeccionista**. Sea capaz de ceder ante las opiniones y deseos de los demás. Es difícil vivir con los perfeccionistas.

* **Busque una mente totalmente renovada**. Mire todo (situaciones, a sí mismo, a otros) desde la perspectiva de Dios. Llénese con la Palabra de Dios —su verdad le hará libre de toda atadura y yugo (Juan 8:32).

* **Conserve una fe viva y una confesión positiva.** (Ap.12:11). Se vence a Satanás por medio de la palabra de nuestro testimonio. Satanás se fortalece cada vez que repite lo que él está diciendo. Póngase de acuerdo sólo con Dios. Se puede ir al abismo y quebrantar la protección de Dios si confiesa las mentiras: "Nunca lo lograré, es muy difícil, nunca seré feliz otra vez". *No le dé poder a Satanás* (Ec.10:8).

* **No viva en el pasado**. Olvide fracasos y culpas —los "qué tal si hubiera..." y "si sólo..." (Fil. 3:13; He. 9:25).

* **No se preocupe (afane)**. La *preocupación* nos deja exhaustos y causa depresión más que el exceso de trabajo. Pídale a Dios que trate con las raíces que causan su preocupación (Fil. 4:6). "Por nada estéis afanosos."

* **Pídale a Dios nuevas promesas.** Cada uno necesita una visión progresiva, algo por lo cual tener esperanza. Hasta Jesús miró más allá de sus circunstancias presentes y fue capaz de soportar, debido a lo que fue puesto delante de El (He.12:2).

* **Obedezca**. Responda a cualquier luz que Dios le dé. (1 P.1:22). Es la clave para el crecimiento. Cada vez que obedecemos a Dios y respondemos a lo que nos está diciendo, somos cambiados. El crecimiento y la guianza genuina cesan cuando decimos NO a Dios.

* **Cambie su conversación.** (Salmo 50:23). Dios no nos librará de las dificultades hasta que nuestra *conversación* cambie. Job no fue librado hasta que dejó de criticar y proferir injurias (Job 42:1-12).

* **Esté dispuesto a pasar por el fuego.** Las pruebas de fuego tienen el propósito de tratar con los problemas en nuestra vida que no están glorificando a Dios. También para remover las cosas que nos están robando el gozo y la paz. Los tres amigos de Daniel fueron lanzados en el horno y el fuego, pero lo único que deboró el fuego fueron sus ataduras (Dan. 3:21-28).

* **Esté dispuesto a cambiar.** No esté contento con la rutina de la vida. Permita que Dios expanda y cambie su mente. ¡Nunca cambiaremos hasta que nuestra mente sea cambiada! Dios tiene muchas experiencias nuevas y frescas, más adelante. ¡Mantenga la Paz!

* **Esté lleno del Espíritu.** Los frutos del Espíritu, (gozo, paz, etc.) son esenciales para una buena salud mental, emocional y espiritual. Busque estar lleno del Espíritu Santo y sus frutos. Pídale a Dios que le ayude a no rechazar las manifestaciones del Espíritu. El mover del Espíritu Santo (gozo, palmear, danzar, etc.) traen liberación de ataduras espirituales y le llenan de gozo. Esto es justo lo que necesitamos para una buena salud emocional y espiritual.

* **Busque la experiencia de Romanos 6:6.** Esta es la experiencia de estar "muerto al pecado." Cristo no sólo llevó nuestros pecados, sino también nuestra *naturaleza pecadora*. En la cruz él obtuvo todo lo que necesitamos para estar completos, y esto incluye la habilidad de conquistar el pecado. Pero aunque Cristo ya obtuvo todo lo que necesitábamos (Ef.1:3), tenemos que caminar con El para poder poseerlo. Dios le llevará a la experiencia de "estar muerto al pecado", si continúa con hambre y sed de su justicia.

* **Retráctese de respuestas incorrectas.** Si está en el abismo debido a respuestas incorrectas, puede salir de allí si hace las respuestas correctas. Un ministro o un hombre de Dios no puede imponer las manos sobre un hombre y decir: "¡Sé liberado totalmente del abismo!" La oración y el poder de Dios son necesarios inicialmente para lograr que un cautivo tome la dirección correcta, pero rara vez éste es totalmente liberado a menos que tome *por sí mismo* ciertos pasos apropiados hacia su libertad.

Aunque una puerta en la prisión esté sin llave y abierta, los prisioneros deben caminar y salir para estar libres. Algunas veces aunque las puertas estén abiertas, las personas escogen quedarse en la prisión. Esto ocurrió con los cautivos en Babilonia. Ciro rey de Persia, conquistó Babilonia y abrió las puertas a los judíos y les dijo que podían irse a su país. (2 Cr. 36:22-23). Sólo algunos respondieron a la libertad que estaba disponible. Muchos se quedaron en Babilonia, cómodos en sus ataduras. Proféticamente, Isaías les dijo a los cautivos: ""*Sacúdete ... suelta las ataduras* de tu cuello, cautiva hija de Sion"." (Is. 52:1-2). Dios hace su parte, pero el hombre también tiene que hacer la suya.

Algunos años atrás vi un documental sobre la vida de los lobos. Una loba tuvo una camada de cachorritos y estos cachorros estuvieron en una jaula por cuatro años. Nacieron en cautividad y nunca habían salido de la jaula de tres metros por cada lado. Un día el investigador abrió la jaula. Sorprendentemente los lobos tenían miedo de salir. Cada día ellos tímidamente caminaban unos pocos pasos fuera de la seguridad de la jaula en la que habían vivido toda la vida. Gradualmente fueron ganando confianza hasta que sus mentes se reprogramaron lo suficiente para vivir una vida normal. Les llevó muchos nuevos pasos ganar su libertad y normalidad. Los lobos pudieron haberse quedado toda su vida en la jaula aunque la puerta estuviera abierta. La analogía también tiene aplicación para el hombre. Aunque la puerta de la prisión esté abierta, el hombre debe dar muchos pasos fuera de la misma para adquirir la reorientación que lo lleve de nuevo a la vida normal. Recuerde, cada paso que Israel tomó hacia Babilonia (confusión) como exiliados, tuvo que tomarlo de nuevo para volver a su país. Y cada paso que un hombre toma cuesta abajo en su descenso al abismo, debe desandarlo cuesta arriba a fin de regresar a su lugar. Se necesita *esfuerzo* y *deseo* para salir del abismo.

> **Sacúdete del polvo; levántate y siéntate, Jerusalén. Suelta las ataduras de tu cuello, cautiva hija de Sion. (Isaías 52:2)**

LA NECESIDAD DE LA GRACIA Y EL ESPIRITU DE ARREPENTIMIENTO
Conclusión

En las páginas anteriores, nuestro tema ha sido cómo ganar liberación de la vida egocéntrica y la liberación de las ataduras y los hábitos. Hemos enfatizado la importancia de una mente renovada, revertir estilos de vida y patrones de respuesta incorrectos, conocer la Palabra de Dios, tener las confesiones adecuadas, y mucho más. Pero para poder obtener la victoria, todo esto, aunque absolutamente necesarios, no son suficientes.

Aun cuando clamemos o tomemos autoridad, tratando de seguir los pasos correctos, practicando todos los procedimientos y fórmulas, ejerciendo todo el poder de la voluntad humana, y hasta teniendo las mejores enseñanzas de la Palabra de Dios, un individuo nunca será transformado o librado de sus ataduras a menos que Dios soberanamente le dé Su gracia. ¡Quiero repetir esto! Nadie puede cambiar para dejar de ser la persona que es, o ser librado de sus prisiones, rutinas, caminos, apetitos, forma de pensar o ataduras a menos que reciba gracia de Dios. (Dios sólo da gracia a los humildes).

¡El poder de la voluntad no es suficiente! La liberación de un problema o la transformación de la persona que somos, solamente viene a través de un divino impartimiento de gracia de parte de Dios mismo. No puede haber crecimiento, cambios, progresos o seguimiento de Dios, a menos que El nos toque y soberanamente nos dé Su gracia. Pablo dijo que la única cosa que lo cambió a él fue la gracia de Dios al expresar: "Por la gracia de Dios soy lo que soy" (1 Co.15:10; 1 Ti.1:13-14).

(He. 6:1). "Vamos adelante". Pablo nos mandó establecernos en los rudimentos de la doctrina, pero luego dijo: "Vamos adelante hacia la perfección." Sin embargo en 6:3 agrega: "Y esto haremos si Dios en verdad lo permite". (Solamente si Dios nos da Su gracia.) Así que nuestra parte es que nos humillemos y le pidamos a Dios que nos dé su favor y que soberanamente nos imparta de Su gracia. Nunca esto se enfatizará demasiado. Nada cambiará a menos que recibamos nueva gracia de Dios. La gracia viene de Dios cuando nos humillamos delante de El (Stg. 4:6; 1 Pe. 5:5-6). Pídale a Dios diariamente su gracia y misericordia.

El espíritu de arrepentimiento

Arrepentimiento literalmente significa: cambiar nuestra mente. Lo cual hace que cambiemos nuestros caminos. El arrepentimiento es un regalo de Dios. No puede producirse ni desarrollarse. Si Dios no da el espíritu de arrepentimiento y su gracia, una persona no se puede ablandar o cambiar. Sólo la bondad de Dios lleva al hombre al arrepentimiento (Ro. 2:4). Sin embargo, el hombre tiene que someterse a esta bondad.

Ningún hombre puede ir a Dios, a menos que Dios lo atraiga y lo suavice. Una persona no puede decir: "Viviré como se me plazca, y cuando esté dispuesto, o cuando ya sea viejo y al borde de la muerte, entonces me arrepentiré". ¡No! A menos que Dios atraiga al hombre, el hombre no puede venir. Hay momentos precisos en que Dios toca a la puerta del corazón del hombre. Si el hombre no hace caso a Dios o rehúsa abrirle la puerta, Dios probablemente no regresará por un tiempo. Es necesario un milagro de la gracia divina y el espíritu de arrepentimiento, para que un hombre sea suavizado y se abra para recibir el regalo de la salvación o cualquiera de las bendiciones de liberación de Dios (Ap. 3:20).

> "Buscad a Jehová mientras puede ser hallado, llamadle en tanto que está cercano" (Isaías 55:6).
> "Ninguno puede venir a mí, si el Padre que me envió no le trajere" (Juan 6:44,65).

¡Necesitamos una vida de quebrantamiento y arrepentimiento! Necesitamos la habilidad de quebrantarnos y de cambiar nuestra mente, para que sea suave, moldeable, y capaz de decir: "Estoy equivocado, lo siento". Esta habilidad se llama espíritu de arrepentimiento. Es una *unción*, una gracia de Dios. El rey David tenía esta unción. Lo podemos ver en los Salmos.

Un ejemplo del espíritu de arrepentimiento lo hallamos en Zacarías 12:10 y Jeremías 31:18. Es un ablandamiento, un quebrantamiento, una actitud de— *"¿Pero qué he hecho? ¡Qué necio he sido! Señor, siento tanto haberte herido a ti y a los demás"*. Dios quiere que vivamos diariamente con el espíritu de arrepentimiento y que constantemente dependamos de El para Su gracia capacitadora.

(Job 27:1-5). Job dijo que él era recto y que Dios le había quitado la justicia, que no cambiaría su manera de pensar aunque se muriera. Es sorprendentemente increíble cómo las personas pueden estar quebrantadas físicamente pero no espiritualmente. Job se había endurecido durante su prueba y estaba acusando a Dios de irresponsabilidad. Job necesitaba un espíritu suave y arrepentido. Personalmente he hablado con cristianos que tienen ataduras serias (y algunos que se estaban muriendo) y han rehusado abrir su corazón o cambiar de parecer acerca de sus caminos o ideas. Ellos necesitaban un espíritu de arrepentimiento y gracia y quebrantamiento. La liberación *no puede* venir hasta que el hombre se humille y reciba la gracia de Dios para cambiar. Algunos se han enterrado tanto en un abismo que ya ni aun no *desean* cambiar... pero Dios es capaz aun de restaurar el deseo! Si necesita un milagro en su vida, entonces pídale a Dios que le muestre qué *debe* poner en orden en su vida, a fin de prepararse para recibir este milagro. ¡Dios anhela visitarle y librarle!

Aquí está nuestra conclusión final: Busque a Dios diligentemente a fin de recibir su gracia y su espíritu de arrepentimiento.

CUESTIONARIO DE REPASO
Páginas (78 - 96)

168.) ¿Qué sucede cuando un cristiano es pasivo y no resiste a Satanás? _____
¿Qué versículo dice que sólo los violentos tomarán el reino? _____ ¿A qué arreglo llegó Israel debido a su holgazanería? _____

169.) Escriba las doce armas que se utilizan en contra de Satanás y las fuerzas de las tinieblas.

_____ , _____ _____
_____ , _____ _____
_____ , _____ _____
_____ , _____ _____

170.) A quiénes ataca con más frecuencia Satanás, a grupos o a individuos? _____ Cuando el Espíritu Santo guía a los santos a aplaudir, ¿qué esto produce en los demonios? _____ Satanás desprecia el entusiasmo, el gozo y la danza delante del Señor. El prefiere que las personas sean negativas y que se amarguen. ¿VERDADERO o FALSO?

171) ¿Cuál es una de las grandes claves necesarias para que se manifieste el espíritu de profecía y los otros dones del Espíritu? _____

172) Cada vez que obedecemos a Dios, ¿qué le hacemos al enemigo? _____

173.) Las confesiones de la boca son poderosas. Vamos a obtener lo que confesamos. **¿VERDADERO o FALSO?**

174.) David tuvo muchos enemigos. ¿Qué fue lo que le guardó de sus enemigos? _____

175.) A fin de obtener nuestra herencia y a fin de poder guardarla, qué debe suceder en nuestros corazones? _____

176.) ¿Qué hombre predicó acerca de la herencia (Canaán), pero permitió la incircuncisión en su propia familia? _____

177.) Escriba las nueve evidencias de la circuncisión espiritual.

_____ , _____ _____
_____ , _____ _____
_____ , _____ _____

178.) Dé tres razones por las cuales viene el castigo, aun después de un arrepentimiento genuino.

_____ , _____ _____

179.) ¿Qué representan los 31 reyes del libro de Josué? _____

180.) ¿A qué hombre, en la historia, sólo le interesaban las personas que lo servían? _____

181.) ¿Cuál es el lugar más seguro sobre la tierra en donde una persona puede estar? _____

182.) Si solamente podemos amar a los que nos aman, ¿qué clase de cristianos somos? _____

183.) ¿Cuál es una de las formas más seguras de sacar a la superficie la iniquidad y la vanidad escondidas en lo más profundo del corazón? _____

184.) Cuando Dios nos da un don, es con el propósito de bendecir a otros. **VERDADERO o FALSO**

185.) ¿A qué se debe la depresión y los desórdenes mentales y emocionales? _____

186.) Alguien que tiene el alma enferma necesita tres cosas, ¿cuáles son? _____ _____

187.) El suicidio realmente puede ser una de las evidencias más claras del egocentrismo. **VERDADERO o FALSO**

188.) ¿Quién es más capaz de cometer suicidio, un siervo o un señor? _____

189.) Los problemas emocionales y mentales generalmente inician en la adolescencia al seguir un patrón equivocado en la manera de reaccionar a las ofensas. **VERDADERO o FALSO**

190.) ¿Cuál es, quizás, el factor más influyente en los conflictos emocionales? _____

191.) Satanás obliga a las personas a hacer cosas inadvertidas, pero, ¿qué es lo que lleva a las personas a este punto de vulnerabilidad? _____

192.) ¿Qué es tener lástima de uno mismo? _____

193.) Satanás es vencido por la palabra de nuestro testimonio, o por nuestra confesión. ¿En qué forma podemos dar poder a Satanás? _____

194.) Como repaso, escriba los 35 lineamientos que nos ayudan a permanecer fuera del abismo (Páginas 101—103).

_____ , _____ , _____
_____ , _____ , _____
_____ , _____ , _____
_____ , _____ , _____
_____ , _____ , _____
_____ , _____ , _____
_____ , _____ , _____
_____ , _____ , _____
_____ , _____

195.) Aun cuando Dios abre la puerta de la prisión, las personas deben salir de la prisión. Dé un ejemplo escritural de personas que fueron liberadas, pero que escogieron permanecer en su prisión (o esclavitud). _____

196.) A menos que Dios nos dé gracia, nunca seremos cambiados, nunca seremos libertados, ni creceremos espiritualmente. **VERDADERO o FALSO**

197.) Literalmente, ¿qué significa arrepentimiento? _____

198.) La habilidad de quebrantarnos delante de Dios y de otros, la habilidad de cambiar nuestra forma de pensar, la habilidad de ser suaves y la habilidad de rendirnos, es una unción llamada "espíritu de arrepentimiento." **VERDADERO o FALSO**

199.) Las personas pueden ser quebrantadas en su cuerpo, sin embargo, en su _____

200.) Hay requisitos que debemos satisfacer para poder recibir un milagro de Dios.
VERDADERO o FALSO

Vea las respuestas en las páginas 99 - 101

• • • • •

RESPUESTAS

Páginas 9 - 24

1.) En sí mismo, en su propio corazón.
2.) Verdadero.
3.) Verdadero.
4.) Era jactancioso, impetuoso, hacía comentarios presumidos.
5.) No.
6.) Ganar ventaja sobre nosotros.
7.) Jueces 2:19.
8.) Números 5:14.
9.) d.) La relación con otros creyentes.
10.) Bernabé.
11.) Jacob.
12.) Demas.
13.) No.
14.) Verdadero.
15.) El dice que el problema viene de Satanás.
16.) La necesidad de un corazón nuevo.
17.) Falso.
18.) Verdadero.
19.) a.) El centro de nuestro ser, nuestro espíritu.
20.) No.
21.) Debemos conocernos a nosotros mismos.
22.) Verdadero.
23.) Primera Corintios 10:13.
24.) La práctica (el ejercicio).
25.) Al endurecer el corazón cuando es herido u ofendido.
26.) Verdadero.
27.) Verdadero; Job.
28.) Verdadero.
29.) Falso.
30.) No.
31.) Creyentes.
32.) Rebeca.
33.) Primera Juan 1:8; Primera Juan 3:9.
34.) Verdadero.
35.) Verdadero; En la Resurrección.
36.) Falso.
37.) Verdadero; Verdadero.
38.) El amó a Eva más que a Dios.
39.) Caín; El ladrón en la cruz.
40.) EGO; Otros.
41.) Verdadero.
42.) San Francisco.

Páginas 26 - 42

43.) En el cielo, por Satanás.
44.) A través del anticristo.
45.) Desplaza a Dios y coloca al Yo en el trono.
46.) Porque ignoran el problema innato (natural) del orgullo - el Ego.
47.) a.) Fuimos creados por otro.
b.) Tenemos una naturaleza pecaminosa que no podemos cambiar.
c.) No tenemos habilidad alguna en nosotros mismos.
d.) No podemos controlar nuestro destino ni podemos guiarnos a nosotros mismos.
48.) No.
49.) Falso.
50.) Verdadero.
51.) El orgullo se protege a sí mismo. No permitirá que el Yo sea vulnerable.
52.) Abdías 1:3.
53.) Proverbios 13:10.
54.) Segunda Corintios 12:7.
55.) Verdadero.
56.) Porque el orgullo resiste a Dios.
57.) Venció a Satanás y a sus espíritus malos; el pecado y la naturaleza pecaminosa.
58.) Verdadero.
59.) a.) El era el Más Humilde.
b.) El tenía Más Gracia.
c.) El era el Más Sabio.
d.) El era un Siervo, más que cualquier otro.
e.) El no era Egoísta.
f.) El era como un Cordero, más que cualquier otro.
g.) El era el Más Dependiente.
h.) El era el Más Ungido.
60.) Un niño, un siervo.
61.) Verdadero.
62.) Verdadero.
63.) El egoísmo; No es egoísta.
64.) Verdadero.
65.) Con los siervos, con los humildes.
66.) Verdadero.
67.) La negación del Yo, no hacer nuestra propia voluntad.
68.) a.) La confianza.
b.) Ser enseñables.
c.) No ser pretenciosos.
69.) Verdadero.
70.) Letra b.)
71.) a.) Nuestra relación con otros.
b.) Nosotros mismos.
c.) Dios.
d.) Las circunstancias de la vida.

72.) Verdadero.

73.) a.) Porque desarrolla un estilo de vida.
b.) Produce frutos.
c.) Nos lleva a un determinado punto.
d.) Afecta nuestra eternidad.

74.) Verdadero.

75.) Piensan; Verdadero.

76.) a.) Nuestro patrones de pensamiento.
b.) Nuestras emociones.
c.) Nuestro valor.
d.) Nuestros gestos y hábitos.

77.) Falso; Lo habría destruido.

78.) Verdadero.

79.) No podía ver algo.

80.) Verdadero; Verdadero.

81.) No buscar diariamente a Dios para que nos dé una nueva experiencia.

82.) Los conflictos espirituales que no han sido resueltos en el corazón.

83.) Falso.

84.) Verdadero.

85.) c.) Los derechos que no han sido rendidos a Dios.

86.) Verdadero.

87.) f.) Todas las anteriores.

88.) No.

89.) Verdadero.

90.) Verdadero.

91.) Salmo 37.1.

92.) Marta.

93.) Falso.

94.) c.) Un corazón duro.

Páginas 45 - 63

95.) Verdadero.

96.) Pablo.

97.) La habilidad y el deseo; No, No.

98.) Error.

99.) Verdadero; "Para que la participación de tu fe sea eficaz en el conocimiento de todo el bien que está en vosotros por Cristo Jesús."

100.) Verdadero.

101.) Falso.

102.) Filipenses 4:12, Proverbios 30:7-9.

103.) Verdadero.

104.) No; Porque es atraído y seducido por su propia concupiscencia.

105.) Experiencias agradables (bendiciones).

106.) Lucas 6:32.

107.) Verdadero.

108.) Nuestro espíritu.

109.) a.) Nuestro espíritu.
b.) El espíritu del hombre.
c.) El Espíritu de Dios.

110.) Nuestras emociones.

111.) c.) Nuestra vida misma, los motivos y lo que adoramos.

112.) c.) El Espíritu de Dios controle nuestro espíritu, con el alma y el cuerpo en sujeción.

113.) No, Satanás puede ser dulce y amable.

114.) Verdadero.

115.) Elías.

116.) Nuestra opinión acerca de otra persona se basa en cómo la persona nos hace sentir.

117.) Falso; Debemos poner a un lado nuestros sentimientos para poder discernir.

118.) Verdadero; Verdadero.

119.) Mormonismo; Gálatas 1:8.

120.) Levítico 4:2-3.

121.) a.) Sabiduría.
b.) Humildad.
c.) El consejo de otros.

122.) No; Sí.

123.) Salmo 131.

124.) Verdadero.

125.) Verdadero.

126.) a.) El Señor mismo- una relación íntima.
b.) Las personas que Dios pone bajo nuestra responsabilidad.

127.) a.) Los enemigos son echados fuera de nosotros.

128.) La carne (nuestro propio corazón).

129.) Verdadero.

Páginas 66 - 75

130.) La sabiduría no clasifica a todos en la misma categoría. Las conclusiones precipitadas o imprudentes son sacadas antes de conocer todos los hechos. El amor todo lo cree, no da lugar a duda.

131.) Falso; No.

132.) Una confesión honesta de los errores, y del perdón de Cristo.

133.) g.) Todas las anteriores.

134.) Escuchar lo que Satanás dice, y no lo que Dios dice.

135.) En las mentiras; Sí; Cuestionar los buenos motivos y las acciones de otros.

136.) A los que están bajo autoridad.

137.) Todas las anteriores.

138.) Verdadaro; Excusas.

139.) Tecnicismos y pretextos; El rey Saúl.

140.) Verdadero.

141.) Verdadero; "Por eso puse mi rostro como un pedernal."
142.) c.) Un hogar lleno de orden y paz.
143.) Falso; Verdadero; Culpabilidad, desconfianza, falta de respeto.
144.) Verdadero.
145.) Verdadero; 1 Timoteo 2:5, 2 Corintios 9:25.
146.) No.
147.) Ambos.
148.) Segunda Corintios 10:12.
149.) Declarar que la opinión de uno es la autoridad, sin ninguna evidencia que la respalde; Job; Salmo 131.
150.) Verdadero; Job.
151.) Verdadero; Falso.
152.) Si practicamos hacer lo que Dios nos dice; Un buen sentido del humor.
153.) Nosotros mismos; Orgullo; La razón principal es porque existen derechos que no han sido rendidos.
154.) Verdadero; Todos éstos no quieren dejar ir esta clase de sentimientos.
155.) Rebeca; Aquellos en cuya boca no haya engaño.
156.) Alguien inconstante, inconsistente, contradictorio, irregular, independiente; Proverbios.
157.) Las ideas de los hombres; Homosexuales.
158.) Falso; Verdadero; Falso; Verdadero.
159.) Sentimientos inflexibles, duros, temores, culpabilidad, inseguridades.
160.) Ignorante; Desafío (reto).
161.) El hombre rechaza la solución (Juan 3:19).
162.) e.) Todas las anteriores.
163.) Vivir en un mundo de fantasías.
164.) De la amargura; De la falta de paz; De la falta del temor de Dios.
165.) Verdadero; Robar, tomar algo deshonestamente.
166.) A actuar exageradamente y a pecar.
167.) Verdadero; Verdadero; La presencia y el amor de Dios.
168.) No obtiene la victoria para él mismo o para otros; Mateo 11:12; Coexistir con sus enemigos.
169.) Intercesión; La Palabra de Dios; Los dones espirituales; Los frutos del Espíritu; El buen compañerismo cristiano; La alabanza; La adoración, regocijarse; La música ungida; Los sacrificios correctos; La justicia; Las confesiones correctas; La sabiduría y la prudencia; La fe.

170.) A individuos; Les damos puñetazos, los golpeamos; Verdadero.
171.) La música correcta.
172.) Lo herimos.
173.) Verdadero.
174.) El caminar en sabiduría.

Páginas 78 - 96

175.) La circuncisión.
176.) Moisés.
177.) a.) No buscar la alabanza del hombre.
  b.) No resistir el Espíritu.
  c.) La alabanza genuina, no confiar en la carne.
  d.) Ser capaz de humillarse y decir: "Estaba equivocado."
  e.) La habilidad de amar al Señor y guardar sus mandamientos.
  f.) Ser leal al Señor y al cónyuge.
  g.) Una lengua pura y limpia.
  h.) Un corazón limpio.
  i.) Un corazón que cree.
178.) a.) Para ayudarnos a recordar al pecador.
  b.) Para que sirva como una advertencia para otros.
  c.) El castigo obra en el cristiano carácter y gracia.
179.) Areas del Yo en donde el Ego reina en vez de Cristo.
180.) Napoleón.
181.) En la voluntad de Dios.
182.) Somos cristianos ordinarios.
183.) Cuando la libertad de acción es dada en la interpretación de una voluntad.
184.) Verdadero.
185.) A una reacción incorrecta a la ofensa o a la herida.
186.) Gozo, paz y esperanza.
187.) Verdadero.
188.) Un señor.
189.) Falso.
190.) El orgullo.
191.) Sus acciones y decisiones anteriores.
192.) Es tener la actitud: "Pobre de mí." Endurecer el corazón.
193.) Estar de acuerdo con las mentiras de Satanás.
194.) Vea las páginas...
195.) El pueblo de Israel en Babilonia, ellos quisieron quedarse allí.
196.) Verdadero.
197.) Cambiar la manera de pensar; cambiar la mente.
198.) Verdadero.
199.) Espíritu.
200.) Verdadero.